contemporanea | centonova

I lettori che desiderano informarsi sui libri e sull'insieme delle attività della Società editrice il Mulino possono consultare il sito Internet: **www.mulino.it**

Daniela Del Boca   Alessandro Rosina

Famiglie sole

Sopravvivere con un welfare inefficiente

il Mulino

ISBN 978-88-15-13153-9

Copyright © 2009 by Società editrice il Mulino, Bologna. Tutti i diritti sono riservati. Nessuna parte di questa pubblicazione può essere fotocopiata, riprodotta, archiviata, memorizzata o trasmessa in qualsiasi forma o mezzo – elettronico, meccanico, reprografico, digitale – se non nei termini previsti dalla legge che tutela il Diritto d'Autore. Per altre informazioni si veda il sito **www.mulino.it/edizioni/fotocopie**

Indice

Prefazione p. 7

Introduzione. Famiglie in difficoltà in un paese in crisi 11

I. Giovani e famiglia 27

II. Le scelte difficili delle donne italiane 57

III. Sud e Nord sempre più lontani 85

IV. Politiche per la famiglia: ridurre gli squilibri per incentivare la crescita 105

Conclusioni 133

Abstract 137

Prefazione

Negli ultimi anni i temi riguardanti la famiglia hanno attirato un interesse crescente sia da parte degli studiosi che dell'opinione pubblica. Un'attenzione giustificata dai profondi cambiamenti in atto, che investono sia gli aspetti demografico-sociali del formare relazioni di coppia e del fare figli, che le condizioni economiche delle famiglie stesse.

Le trasformazioni maggiori – con impatto più intenso e destinate verosimilmente ancor più ad incidere nei prossimi decenni – riguardano in particolare l'invecchiamento della popolazione, il mercato del lavoro, l'immigrazione, le modalità di ingresso dei giovani nella vita adulta, l'instabilità coniugale. Mutamenti che rientrano in varia misura all'interno di un processo più generale che accomuna tutto il mondo occidentale, ma che interagiscono in modo non scontato con alcune specificità nazionali e contesti locali. Ciò riguarda le peculiarità culturali ma anche le caratteristiche del sistema istituzionale.

Come molti dati ben documentano, l'Italia con l'entrata nel nuovo secolo si è però rivelata essere meno capace sia di crescere economicamente rispetto agli altri paesi, che di riformare in modo strutturale ed efficiente il suo sistema di welfare per adeguarlo ai nuovi tempi. Purtroppo, quello di imboccare con determinazione un sentiero dello sviluppo che sia maggiormente in grado di proteggere dai nuovi rischi e promuovere la crescita del paese è un dibattito che dura oramai da oltre dieci anni e che ha prodotto sinora più Libri Bianchi e buone intenzioni che risultati concreti.

La conseguenza è che mai come oggi, dal secondo dopoguerra, le famiglie in Italia si sentono sole. Sovraccaricate di responsabilità, sempre meno in grado di aiutare i propri membri più deboli, indotte spesso a fare un passo indietro rispetto ad importanti scelte di vita.

In questo volume si evidenzia come le difficoltà delle famiglie italiane siano strettamente legate ai vincoli di crescita del paese ed alla presenza di alcuni gravi squilibri che l'azione politica ha il compito prioritario di rimuovere. Più tardi ciò avverrà e meno chance avrà l'Italia di riportare le condizioni di benessere delle famiglie e le capacità di produrre ricchezza del sistema paese sui livelli medi del mondo sviluppato.

Coerentemente con tale impostazione, le analisi e le riflessioni contenute nel libro mettono assieme competenze e sensibilità che sono il risultato di una comune interazione con studiosi di varie discipline e con interlocutori del mondo politico e della società civile. Importante in questo senso è stata anche la funzione svolta da alcuni siti di discussione pubblica su temi economici e demografici, quali lavoce.info, neodemos.it e nelmerito.com, ai quali abbiamo partecipato attivamente in questi anni e che sono stati per noi un prezioso strumento di confronto di idee e proposte.

Vogliamo infine esprimere la nostra gratitudine ai colleghi e amici Paolo Balduzzi, Francesca Bettio, Corrado Bonifazi, Alessandra Del Boca, Maurizio Ferrera, Anna Laura Mancini, Silvia Pasqua, Stefano Molina e Chiara Saraceno per i loro specifici suggerimenti e commenti nelle varie fasi di stesura di questo lavoro. Ringraziamo inoltre le persone con le quali abbiamo lavorato su questi temi negli ultimi anni, e in particolare Francesco Billari, Tito Boeri, Maria Concetta Chiuri, Ugo Colombino, Gianpiero Dalla Zuanna, Massimo Livi Bacci, Maria Cristina Bruno Voena, Marilena Locatelli, Giuseppe Micheli, Chiara Pronzato, Linda Laura Sabbadini e Daniela Vuri. Da ultimo, un grazie anche a Sandra Bellini.

DANIELA DEL BOCA e ALESSANDRO ROSINA

Introduzione.
Famiglie in difficoltà in un paese in crisi

Si discute molto di famiglia in Italia, e spesso in termini problematici. Gli elementi di sofferenza, del resto, sono evidenti e riguardano sia aspetti demografici che economici. Siamo, in particolare, uno dei paesi occidentali nei quali le donne lavorano di meno, le coppie fanno meno figli e la scelta di averne accresce di più il rischio di povertà.

Questi aspetti di criticità possono essere ricondotti a tre grandi squilibri italiani, che possiamo sintetizzare con tre «G»: di genere, generazionale e geografico. È difficile trovare un altro paese sviluppato che presenti, nel complesso, disuguaglianze tra donne e uomini, iniquità nei rapporti generazionali e disparità territoriali comparabili a quelle osservate in Italia.

Squilibri che implicano uno spreco di risorse in un mercato del lavoro inefficiente che penalizza i giovani e le donne: due categorie che nel nostro paese non riescono a far valere adeguatamente le loro competenze e capacità e a realizzare i propri obiettivi di vita.

In Italia più che altrove, le possibilità di affermazione e valorizzazione dipendono infatti meno dalle effettive potenzialità individuali e sono invece più condizionate dalla generazione di appartenenza, dall'essere uomo piuttosto che donna, dal vivere al Nord rispetto al Sud. Tutto questo non solo penalizza i singoli, ma comprime le possibilità di crescita economica e sociale del paese.

Squilibri e disuguaglianze sono in larga parte la conseguenza di un sistema di welfare inadeguato e obsoleto, sempre meno al passo con i tempi, incapace di fornire strumenti appropriati per proteggere in modo efficace dai nuovi rischi, per rispondere ai nuovi bisogni, per aiutare a cogliere le nuove opportunità.

Il ritardo della politica italiana nel leggere e interpretare i cambiamenti sociali e di conseguenza nel dare risposte convincenti, è evidente e ormai ampiamente riconosciuto.

Nonostante i grandi cambiamenti avvenuti nell'ultimo mezzo secolo, il sistema di protezione sociale italiano è rimasto prevalentemente centrato sulla figura del lavoratore maschio adulto. Poco, invece, si è investito sulle opportunità di autonomia e partecipazione dei giovani e sulla conciliazione tra famiglia e lavoro. Uno spreco di risorse che rende il nostro paese meno dinamico e competitivo in uno scenario sempre più globalizzato. E che accentua i costi dell'invecchiamento della popolazione.

La spesa sociale italiana è del resto una delle più squilibrate in Europa. Solo nel nostro paese, va in parte preponderante alle pensioni, lasciando una quota irrisoria alle voci che riguardano la famiglia, la casa e gli aiuti nelle varie situazioni di disoccupazione. Le risorse destinate alla voce «famiglia», in particolare, sono circa la metà rispetto alla media europea[1].

Non a caso nella nuova fase di sviluppo, l'Italia è rimasta colpevolmente ferma, caratterizzandosi come uno dei paesi occidentali con parametri demografici e di crescita economica meno positivi. E su questa situazione di ristagno si sono innescati ora gli effetti della crisi finanziaria. Nata nel 2007 nel mercato dei mutui immobiliari americani, la crisi si è rapidamente estesa al resto dell'economia, influenzando le scelte di consumo, investimento e produzione, per allargarsi poi anche ai paesi europei, e in particolare al nostro.

L'Italia è però oramai da anni in una fase di declino, almeno in termini di confronto relativo con il resto del mondo sviluppato. Il Pil pro capite ha segnato un rallentamento maggiore rispetto ad altri paesi europei vicini[2]. L'occupazione complessiva si colloca al di sotto della media europea (al 58,7%). E l'allargamento del tasso di occupazione è stato conseguito a «margine», cioè attraverso l'inclusione nel mercato del lavoro di figure a basso contenuto formativo. Ciò si riflette nella bassa crescita dell'economia in generale e della produttività in particolare, e va di pari passo con il basso contenuto di innovazione dal lato delle imprese.

Così, mentre altri paesi europei procedono al riassetto del sistema produttivo e incrementano la spesa in ricerca e sviluppo per «innovare» la propria struttura produttiva, l'Italia rimane ai livelli più bassi. Come mostrano, in particolare, i dati sugli investimenti nella ricerca universitaria, il nostro paese si allontana sempre più dall'Europa della conoscenza. Inoltre il nostro sistema universitario e di ricerca non riesce né ad attrarre né a trattenere gli studenti e i ricercatori migliori. Le statistiche sul *brain gain* mostrano una bassissima percentuale di studenti e ricercatori stranieri, persino rispetto ai valori di Spagna e Portogallo. Al contrario, mentre Francia, Germania, Regno Unito e la stessa Spagna sono caratterizzati da un elevato interscambio di ricercatori, l'Italia ha il primato assoluto di *brain drain*, ovvero di cervelli in fuga[3]. Mentre si stanno evidenziando i preoccupanti segnali di una crisi economica di rilevanza internazionale, appare particolarmente urgente non privarsi delle competenze, capacità e conoscenze ma contribuire a valorizzarle e migliorare le condizioni per attrarne di nuove.

1. L'Italia nel quadro europeo

Rispetto ai vicini europei, l'Italia sembra offrire il peggiore tra i mondi possibili: da un lato un mercato del lavoro inefficiente, che dà scarse opportunità soprattutto alle donne e ai giovani, e, dall'altro, un welfare inadeguato, che non promuove e lascia ampio spazio alle disuguaglianze. È vero che sono pochi i paesi che possono beneficiare di una condizione nel contempo di efficienza e di equità, ma quasi tutti si trovano in una situazione migliore di quella italiana almeno su uno dei due fronti.

Per molto tempo la responsabilità dell'inefficienza del mercato del lavoro è stata attribuita alla sua rigidità e all'eccessiva protezione garantita agli insider rispetto agli outsider. Negli ultimi anni, però, la flessibilità è aumentata, senza che per questo siano migliorati secondo le attese i tassi di attività femminili e giovanili, che invece rimangono su livelli molto lontani dalla media europea. Restano dunque molteplici barriere, che esamineremo nei vari capitoli di questo volume.

Il capitolo 1 è dedicato in particolare agli squilibri generazionali. È ben noto che i giovani italiani rimangono a vivere molto a lungo nella casa dei genitori (fig. 1). E certo alla base di questo fenomeno vi sono anche fattori culturali[4]. Più di recente, però, hanno assunto maggiore importanza i motivi economici e le difficoltà oggettive, connesse soprattutto all'allungamento dei tempi di stabilizzazione della propria posizione nel mercato del lavoro e ai costi delle abitazioni. Tra l'altro, per formare un nuovo nucleo familiare, è considerato sempre più indispensabile che entrambi i membri della coppia abbiano un lavoro, anche per rispondere all'incertezza occupazionale e alle basse retribuzioni iniziali. Di conseguenza, si allungano i tempi di realizzazione delle condizioni ritenute adeguate per dare inizio a una nuova famiglia.

A metà degli anni Novanta le donne italiane attorno ai trent'anni che avevano già formato un'unione di coppia erano la maggioranza; ora quel valore è sceso a un terzo, uno dei più bassi in Europa. Se la conquista di una propria autonomia e la costituzione di un proprio nucleo familiare arrivano in età tardiva, si riducono i margini di realizzazione dei desideri

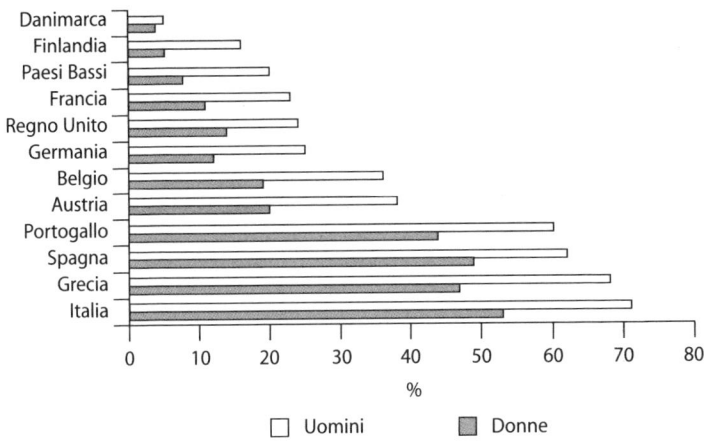

FIG. 1. Giovani che vivono con i genitori, età 25-29 anni (anno 2006).

fonte: Eurostat.

riproduttivi, formando così un quadro coerente con la bassa fecondità (fig. 2). Non a caso, anche l'età media alla nascita dei figli risulta particolarmente elevata. Il risultato è un paese caratterizzato più degli altri dal fatto che si fanno pochi figli e in età sempre più avanzata.

Una fecondità, quella italiana, che può essere definita «persistentemente bassa»: difficile infatti trovare un paese occidentale che mantiene livelli di riproduttività così limitati e da così lungo tempo (fig. 3). Il numero medio di figli per donna è sceso a fine anni Settanta sotto i due e a fine anni Ottanta a poco più di un figlio e un terzo. Da allora, la fecondità italiana non è più risalita sopra tale livello. La ripresa delle nascite degli ultimi anni è un segnale positivo, ma ancora molto timido, anche per le persistenti difficoltà di conciliazione tra lavoro e famiglia.

Il confronto con altri due grandi e importanti paesi europei può essere particolarmente utile per illustrare i limiti della situazione italiana in fatto di efficienza del mercato del lavoro e di compatibilità con le scelte familiari.

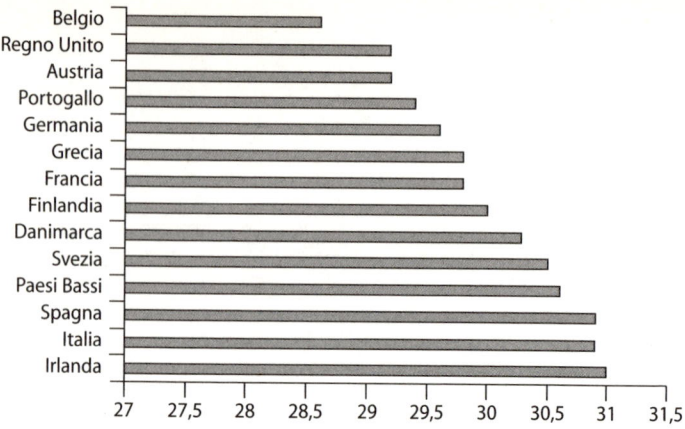

FIG. 2. Età media femminile alla maternità (anno 2006).

fonte: Eurostat.

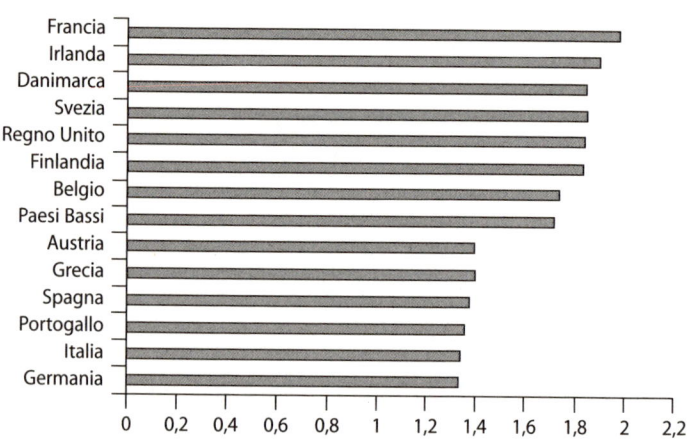

FIG. 3. Numero medio di figli per donna (anno 2006).

fonte: Eurostat.

In Gran Bretagna, ad esempio, i tassi di attività per le donne, in ogni gruppo di età, sono almeno 10 punti percentuali più alti rispetto al nostro paese (fig. 4). Tra i sudditi di sua maestà in età 20-24 anni, ben il 70% è entrato nel mercato del lavoro, in Italia solo il 45%.

Il caso della Francia mostra poi, più di altri, come il modello di sviluppo dei paesi occidentali non sia necessariamente incompatibile con una fecondità vicina all'equilibrio nel rimpiazzo generazionale, vale a dire attorno ai due figli per donna. Non solo la fecondità è molto più alta rispetto a quella italiana, ma anche i tassi di partecipazione delle mamme con figli piccoli sono sensibilmente più elevati (fig. 5).

Inoltre, le famiglie con più figli sono anche meno povere, grazie a un welfare che allo stesso tempo aiuta le coppie a conciliare lavoro e famiglia e riduce il costo dei figli.

Nella spiegazione delle peculiarità italiane giocano un ruolo rilevante anche alcuni fattori culturali. In particolare nel nostro paese è più ridotta la collaborazione maschile alle attività domestiche e di cura. Secondo i dati più recenti delle indagini sull'uso del tempo, la differenza tra uomini e donne

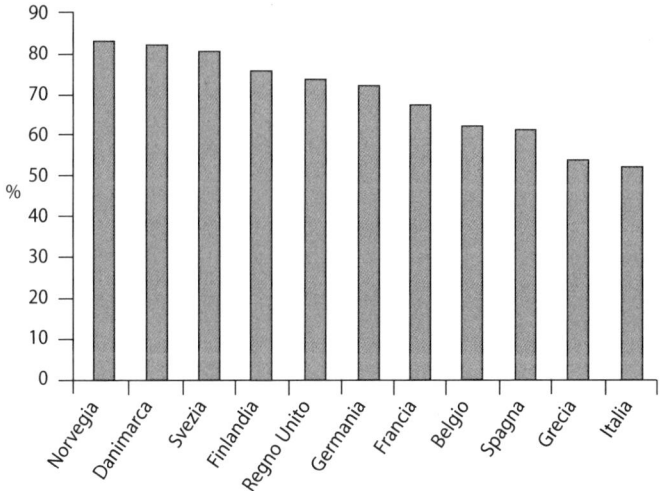

FIG. 4. Tassi di occupazione delle donne (anno 2007).

fonte: Eurostat.

in termini di lavoro familiare è di un'ora e dieci in Svezia e di tre ore e quarantacinque minuti in Italia. Anche a parità di lavoro, il contributo entro le mura domestiche degli uomini italiani risulta tra i più bassi d'Europa.

Insomma, l'Italia è nel complesso uno dei paesi più lontani dall'efficienza del mercato del lavoro inglese, dalla generosità delle politiche francesi di sostegno alla famiglia, dall'equilibrio di genere scandinavo. Tutti aspetti che pesano, come vedremo in particolare nel capitolo 2, non solo sulle opportunità femminili, ma anche sulle scelte familiari, comprimendo le possibilità di crescita del paese.

Il nostro paese si trova inoltre in prima linea anche sul fronte dell'invecchiamento della popolazione, conseguenza della fecondità persistentemente bassa, unita a una longevità sempre più estesa. In Europa il nostro è il primo paese nel quale gli over 65 hanno superato la quota del 20% (fig. 6). Ancora superiore è però il ritmo di crescita di coloro che vengono definiti «grandi vecchi»: gli over 80 sono attualmente attorno

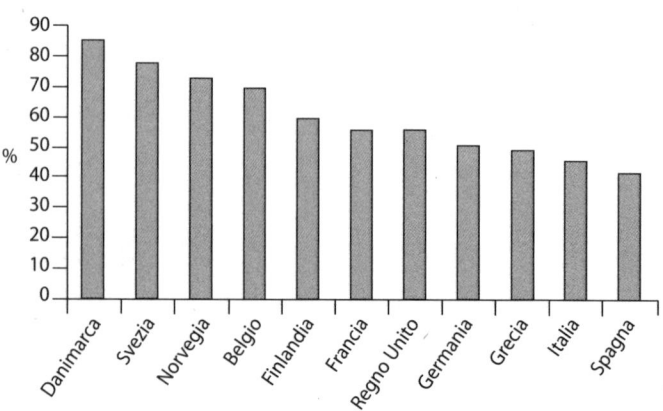

FIG. 5. Tasso di attività delle donne con figli con meno di sei anni (anno 2007).

fonte: Eurostat.

al 5%, ma raddoppieranno nei prossimi decenni, raggiungendo il 13% nel 2050. È destinata quindi a crescere la domanda di aiuto e assistenza sanitaria. Ha almeno una malattia cronica oltre il 70% dei 65-69enni e quasi il 90% degli over 85. Se tra gli anziani che vivono in famiglia, i disabili sono circa uno su cinque, si sale a oltre la metà tra gli ultraottantenni. E secondo alcune stime e previsioni, da qui al 2020 il numero di disabili tra gli ultraottantacinquenni raddoppierà[5].

L'invecchiamento della popolazione non comporta solo i tanto dibattuti costi previdenziali, ha implicazioni rilevanti anche sul sistema di salute pubblica e sulla domanda di assistenza in generale. E ancora una volta, in prima linea ci sono soprattutto le famiglie.

La famiglia italiana è, infatti, una grande risorsa, che finora è stata in grado di svolgere funzioni cruciali per il benessere dei singoli e per lo sviluppo sociale ed economico del paese. Le difficoltà e l'eccesso di carichi a cui è sottoposta rischiano, quindi, di essere ancora più gravi e problematici per la crescita e la coesione sociale.

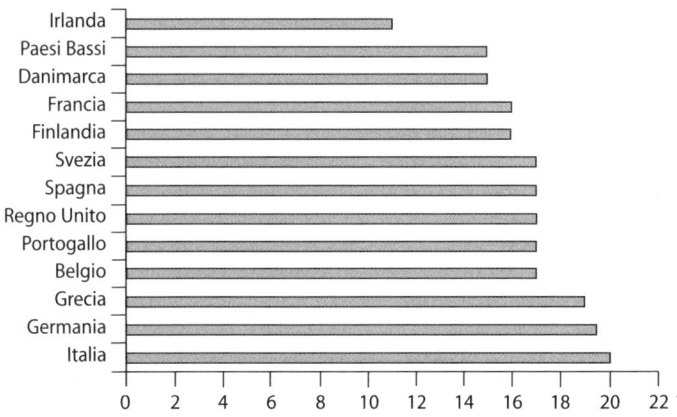

FIG. 6. Percentuale popolazione over 65 (anno 2008).

fonte: Eurostat.

Una letteratura oramai consolidata ha evidenziato come le carenze del sistema di welfare pubblico siano compensate in Italia dalle reti di aiuto informale[6]. Tra i tratti distintivi del modello mediterraneo di welfare non figura solo la scarsa generosità delle politiche di sostegno alle famiglie e un'iniqua distribuzione delle risorse pubbliche lungo le linee di genere e di generazione, ma vi sono ricomprese obbligazioni e solidarietà familiari e parentali assai più estese che nel resto dell'Europa occidentale, associate all'idea che il lavoro di cura sia una responsabilità che spetta principalmente alle donne. Tutto ciò si è sommato ad alcuni aspetti culturali peculiari italiani: la prossimità abitativa tra genitori anziani e figli adulti e il minore ricorso al ricovero degli anziani in istituzione. Il ruolo centrale nella rete degli aiuti informali viene svolto soprattutto dalla popolazione femminile di mezza età, le cosiddette *care givers*.

Un sistema di questo tipo è stato favorito da alcuni importanti fattori demografici (preponderanza delle donne di mezza età rispetto agli anziani) ed economici (bassa partecipazione delle donne di mezza età al mercato del lavoro). Il rapporto tra non autosufficienti e *care givers* è destinato, però, ad aumentare notevolmente nei prossimi decenni, poiché aumenterà il numeratore (numero di anziani in condizione di disabilità) e diminuirà il denominatore (come conseguenza sia della denatalità che della maggiore occupazione femminile). Verosimilmente, diminuirà anche la prossimità abitativa tra genitori anziani e figli adulti, per la maggiore mobilità che richiede oggi il mercato del lavoro.

Il peggioramento ulteriore del rapporto tra non autosufficienti e *care givers*, se non sorretto da un adeguato potenziamento del sistema di welfare pubblico, rischia di portare a una riduzione complessiva degli aiuti verso gli anziani più fragili ed economicamente più svantaggiati, quelli con più difficoltà a pagarsi adeguati servizi privati.

Le famiglie vorrebbero essere aiutate a reggere il carico sempre più oneroso dell'assistenza ai loro cari, più che essere sostituite *tout court* in quest'opera. Dunque, ancora una volta diventa cruciale, e sempre più lo diventerà, la conciliazione tra lavoro femminile e attività di cura familiare, verso i genitori anziani in questo caso.

Vari studi comparativi a livello internazionale dimostrano come un maggior sviluppo dei servizi pubblici non porti a ridurre, ma semmai ad aumentare le possibilità e la qualità di espressione della solidarietà familiare intergenerazionale. Lasciare le famiglie meno sole significa, quindi, aumentare la loro capacità di continuare a essere una risorsa per il benessere collettivo.

Va infine considerato che i grandi cambiamenti in atto hanno un impatto differenziato sul territorio italiano. L'evoluzione più recente evidenzia come le condizioni demografiche più problematiche corrispondano sempre di più alle regioni economicamente più svantaggiate, come viene illustrato nel capitolo 3.

In particolare, il Mezzogiorno sta diventando una delle aree europee con peggior rapporto tra anziani inattivi e persone occupate. Il peso dell'invecchiamento della popolazione si accentua proprio in uno dei contesti meno preparati ad affrontarlo, per le maggiori inefficienze del welfare pubblico da un lato, e per le peggiori condizioni di salute e di benessere economico degli anziani dall'altro. Il Sud rischia di diventare il caso più eclatante nel mondo occidentale di come l'incapacità di valorizzare i giovani e le donne, ma più in generale le proprie risorse e il proprio capitale umano, comprometta la crescita e il benessere collettivo.

2. Politiche familiari per una nuova stagione di crescita

La società italiana vive una fase di grande cambiamento. La politica, le istituzioni, il sistema di welfare sembrano invece segnare il passo. Ci sono stati una grave incapacità e un grave ritardo nella lettura e nell'interpretazione delle trasformazioni in atto da parte di chi ha avuto responsabilità pubbliche e di governo nei decenni scorsi. Ci troviamo ora di fronte a nodi problematici associati a fenomeni già presenti da tempo, che si stanno cronicizzando. La persistente bassa fecondità, la bassa partecipazione delle donne al mercato del lavoro, la lunga permanenza dei giovani in famiglia, l'invecchiamento della popolazione ne sono un esempio.

Molte delle anomalie italiane che oggi limitano la crescita sono attribuibili alla particolare difficoltà a realizzare ciò che pure si desidera a livello individuale e allo stesso tempo si auspica a livello sociale. Ad esempio, in Italia si fanno troppo pochi figli rispetto agli altri paesi sviluppati e a quanto sarebbe adeguato per uno sviluppo equilibrato del paese. Eppure, il problema non si porrebbe se le coppie avessero semplicemente il numero di figli desiderato, che è mediamente attorno a due, come confermano molte indagini. Considerazioni analoghe valgono per l'occupazione femminile, troppo bassa, e la dipendenza dei giovani dai genitori, eccessivamente protratta. Anche su questi due aspetti, che comprimono le possibilità di sviluppo italiane, esiste un ampio divario tra i desideri e le aspettative dei singoli e i comportamenti che invece riescono a mettere in atto[7].

È forse proprio questa la colpa maggiore imputabile a chi in Italia ha avuto responsabilità di governo negli ultimi decenni: non aver favorito e incentivato quei comportamenti virtuosi dei singoli che arricchiscono e rafforzano la crescita di un paese.

La crisi economica internazionale ha peggiorato ancor più

le cose, innestandosi su una situazione già in ristagno. E ora rende i problemi molto più acuti. Proprio per questo motivo, diventa urgente fare adesso quello che non si è fatto finora. Una politica lungimirante non deve limitarsi a mettere semplici toppe alle falle più evidenti. Dovrebbe invece precorrere le esigenze dei cittadini. Ciò significa, prima di tutto, promuovere l'autonomia dei giovani, sostenere le scelte delle coppie, favorire l'integrazione degli immigrati e delle seconde generazioni. Un'azione chiara e incisiva su questi fronti consentirebbe la trasformazione di quelli che oggi vengono visti come potenziali problemi in risorse da valorizzare e quindi in opportunità di sviluppo e crescita.

Nel capitolo 4 discutiamo alcuni importanti interventi che potrebbero contribuire a ridurre i maggiori sprechi di risorse e gli squilibri che producono implicazioni negative sulla vita delle famiglie. Non si tratta di misure a costo zero, ma che possono avere un impatto favorevole sull'occupazione di fasce oggi sottoccupate con effetti positivi non solo in termini di equità ma anche di efficienza economica. Si tratta in primo luogo di interventi diretti ad aiutare i giovani (uomini e donne) nella gestione delle proprie capacità e propensioni, da investire per accrescere le opportunità di formazione e di lavoro, e per favorire così un'autonomia meno tardiva e nel contempo alleggerire la famiglia di origine dei costi monetari e psicologici.

Per quanto riguarda le giovani in particolare è importante non limitarsi a incentivare maggiore formazione ma contribuire ad indirizzare al meglio le scelte formative. Proprio i timori per un inefficiente utilizzo delle risorse sono alla base dell'inserimento della crescita delle donne nei settori di formazione e lavoro tecnico-scientifici fra gli obiettivi strategici dell'Unione Europea. La riduzione del differenziale occupazionale di genere in tali settori rappresenta non solo un obiettivo in sé, ma anche e soprattutto il tramite attraverso cui ampliare la capacità complessiva di ricerca ed innovazione dell'Unione.

Altri interventi di cruciale importanza riguardano le famiglie e la questione della distribuzione degli impegni domestici e di accudimento. Una maggiore disponibilità di nidi per i bambini più piccoli, incentivi alla condivisione della cura dei figli fin dalla nascita, servizi e sgravi fiscali che contribuiscano a rendere le donne meno schiacciate dagli eccessi del peso del lavoro informale di assistenza e più disponibili a un'occupazione nel mercato del lavoro retribuito. Rendendo così meno costosa la scelta di avere figli.

La priorità deve essere dunque quella di promuovere il ruolo attivo dei giovani e delle donne nella società e nel mercato del lavoro, con ancor più determinazione nel Meridione, contrastando resistenze culturali e sociali che relegano la loro posizione e il loro contributo in ruoli secondari.

La riduzione degli squilibri di genere, generazionali e geografici non ha a che fare infatti solo con il miglioramento delle opportunità per le categorie attualmente svantaggiate, ma costituisce una valorizzazione di risorse cruciali per il miglioramento del benessere delle famiglie e per lo sviluppo sociale ed economico del paese.

note

[1] Eurostat, *Social protection in the European Union*, in «Statistics in focus», 99, 2007.

[2] La Germania passa da 124 a 111 dal 1997 al 2008, la Francia da 114,9 a 108,8 e l'Italia da 119,3 a 98,5.

[3] S. Gagliarducci, A. Ichino, G. Peri e R. Perotti, *Lo splendido isolamento dell'università italiana*, Working Paper, Milano, Fondazione Rodolfo De Benedetti, 2005.

[4] M. Barbagli, M. Castiglioni e G. Dalla Zuanna, *Fare famiglia in Italia. Un secolo di cambiamenti*, Bologna, Il Mulino, 2003.

[5] F. Ongaro e S. Salvini (a cura di), *Rapporto sulla popolazione. Salute e sopravvivenza*, Bologna, Il Mulino, 2009.

[6] Si vedano, tra gli altri, M. Naldini e T. Jurado, *Famiglia e welfare: il modello sud-europeo*, in A. Rosina e P.P. Viazzo (a cura di), *Oltre le mura domestiche. Famiglia e legami intergenerazionali dall'Unità d'Italia ad oggi*, Udine, Forum Editore, 2008; M. Ferrera, *The southern model of welfare in social Europe*, in «Journal of European Social Policy», 6, 1, 1996, pp. 17-37; C. Saraceno, *The ambivalent familism of the Italian welfare state*», in «Social Politics», 1, 1994, pp. 60-82; P. Di Nicola, *Famiglia: sostantivo plurale. Amarsi, crescere e vivere nelle famiglie del Terzo Millennio*, Milano, Angeli, 2008.

[7] Nostre analisi su dati Istat confermano come i giovani italiani escano di casa mediamente tre anni dopo rispetto all'età da essi stessi considerata ideale per diventare autonomi. E due casalinghe su tre nella cruciale fascia d'età 35-45 anni desidererebbero partecipare al mercato del lavoro se ve ne fossero le condizioni.

1. Giovani e famiglia

Qualsiasi società, per avere continuità nel tempo, ha bisogno di giovani. Per essere e rimanere competitivo, per crescere e prosperare, un paese ha bisogno di giovani di qualità. In Italia, non solo si fanno pochi figli, ma non si investe in modo adeguato nella qualità e nella promozione delle nuove generazioni. Il nostro risulta essere, in particolare, uno dei paesi più squilibrati dal punto di vista dei rapporti intergenerazionali. Se il vantaggio fosse tutto a favore dei più giovani, si porrebbe comunque un problema di equità, di necessità di riequilibrio per una maggiore coesione sociale. Un sistema che attribuisce i costi dello sviluppo soprattutto alle generazioni più anziane e assegnasse le opportunità soprattutto ai più giovani avrebbe, però, quantomeno il pregio di investire sul proprio futuro. L'Italia si trova invece in una condizione opposta. Lo squilibrio accentuato e tutto a sfavore delle nuove generazioni non solo rende la nostra società più iniqua delle altre, ma anche meno dinamica, più propensa a difendere il benessere del presente che a costruire le basi di un solido sviluppo.

1. Dalla denatalità al «degiovanimento»

Esiste innanzitutto uno squilibrio demografico, che corrisponde al diverso peso quantitativo tra le generazioni. Chi è nato a metà anni Sessanta, in pieno *baby boom*, ha attualmente attorno ai 45 anni e circa un milione di coetanei. Chi invece ha oggi meno di 25 anni è nato dalla seconda metà degli anni Ottanta in poi, periodo nel quale la fecondità italiana è diventata una delle più basse del mondo occidentale. E la denatalità di allora comporta che la generazione di chi oggi ha 20-25 anni sia composta da un contingente ridotto del 40% rispetto ai 45-50enni. Gli stessi 70enni sono numericamente più consistenti.

Tanto per farsi un'idea dello squilibrio quantitativo nel rapporto tra generazioni, può essere utile il confronto con la Francia. La longevità nei due paesi è molto simile: del tutto comparabili sono i livelli dell'aspettativa media di vita. Analogo è anche il totale della popolazione. La differenza maggiore tra Francia e Italia sta nella fecondità sensibilmente più elevata dei francesi, attorno alla soglia dei 2 figli, e in una storia di immigrazione più consolidata nel tempo. Ciò produce ricadute dirette sulla struttura per età della popolazione. Gli scostamenti più forti si concentrano nella parte più bassa della piramide (fig. 1.1). La conseguenza è che ora il nostro paese

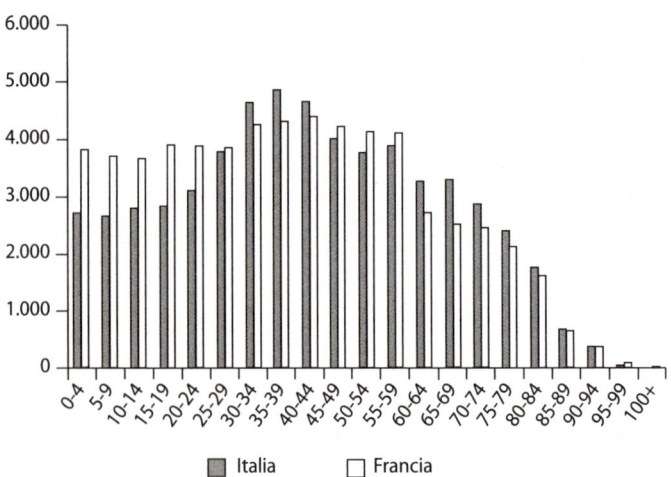

FIG. 1.1. Popolazione per età. Italia e Francia, anno 2005 (dati in migliaia).

fonte: Elaborazioni su dati Un-Population Division.

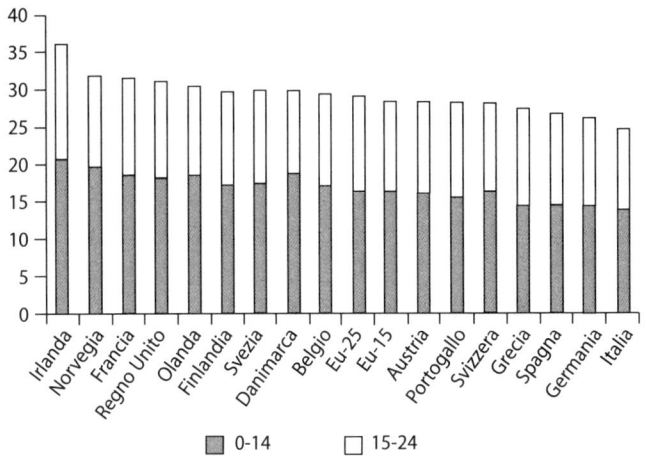

FIG. 1.2. Percentuale popolazione under 25. Confronto tra paesi europei (anno 2005).

fonte: Elaborazioni su dati Eurostat.

conta circa quattro milioni e mezzo di under 25 in meno. Ma più in generale, l'Italia è uno dei paesi con processo di «degiovanimento» più avanzato, vale a dire con minor consistenza quantitativa delle nuove generazioni. La popolazione di età 0-24 anni è infatti scesa sotto il 25%, mentre il livello medio europeo è attorno al 29% (fig. 1.2).

Secondo le ultime previsioni Istat (base 2007), anche con un continuo e consistente flusso di immigrazione, lo squilibrio è destinato ad acuirsi ancor più nei prossimi anni. All'inizio degli anni Novanta gli under 15 e gli over 65 si equivalevano. Il rapporto tra le due fasce d'età è ora pari circa al 70% ed è destinato a scendere a poco più del 50% nei prossimi vent'anni, pur scegliendo lo scenario più «ottimistico» tra quelli delineati dall'Istat. In Italia ci saranno allora due anziani per ogni bambino, ribaltando il rapporto storico tra base e vertice della piramide demografica.

Se confrontiamo lo scenario centrale del 2028 con il dato

TAB. 1.1. INDICATORI SULLA STRUTTURA PER ETÀ DELLA POPOLAZIONE ITALIANA (DATI 2007 E PREVISIONI PER IL 2028) (VALORI PERCENTUALI)

	POPOLAZIONE 0-14 ANNI	POPOLAZIONE 15-64 ANNI	POPOLAZIONE 65 ANNI E PIÙ	INDICE DI VECCHIAIA
Base (2007)	14,1	66,0	19,9	141,7
Centrale 2028	13,0	61,5	25,4	195,5
Basso 2028	12,5	62,4	25,0	200,3
Alto 2028	13,4	60,8	25,8	191,9

fonte: Istat.

TAB. 1.2. POPOLAZIONE RESIDENTE AD INIZIO 2007 E PREVISTA PER IL 2028 (SCENARIO CENTRALE) PER FASCE D'ETÀ (DATI IN MIGLIAIA)

	BASE (2007)		PREVISIONE 2028		VARIAZIONE ASSOLUTA 2028-07		
	ITALIANA	STRANIERA	ITALIANA	STRANIERA	ITALIANA	STRANIERA	TOTALE
0-14	7.744,9	577,0	6.687,2	1.388,7	−1.057,7	811,7	−246,0
15-29	9.011,1	716,2	7.754,5	1.460,4	−1.256,6	744,2	−512,4
30-44	13.035,4	1.122,9	8.557,0	2.026,1	−4.478,4	903,2	−3.575,2
45-64	14.670,2	460,8	16.111,4	2.288,7	1.441,2	1.827,8	3.269,1
65-84	10.391,6	57,5	12.409,7	536,8	2.018,1	479,2	2.497,4
85+	1.339,2	4,4	2.814,9	27,7	1.475,7	23,3	1.498,9
Totale	56.192,4	2.938,9	54.334,8	7.728,3	−1.857,6	4.789,4	2.931,8

fonte: Elaborazioni da dati Istat.

base del 2007, si nota che risulterà ulteriormente decurtata la popolazione con età inferiore ai 45 anni, mentre aumenterà quella over 45 (tab. 1.2). La riduzione delle età più giovani sarà compensata solo in parte dall'immigrazione. In particolare, anche tenendo conto dei residenti stranieri, la fascia 30-44 anni perderà oltre tre milioni e mezzo di unità. Ciò significa che il motore trainante, il cuore della forza lavoro italiana, si ridurrà in meno di vent'anni di circa un quarto.

2. Quantità e qualità delle nuove generazioni

Dobbiamo preoccuparci della riduzione quantitativa di giovani in Italia? Il confronto con la Francia può essere ancora una volta istruttivo: i 4 milioni e mezzo di figli in più messi al mondo dai francesi nell'ultimo quarto di secolo si convertiranno in una forza produttiva numericamente più consistente della nostra, quando le generazioni del *baby boom* (i nati negli anni Sessanta) andranno in pensione.

Viceversa, il rapporto italiano tra pensionati e persone occupate è destinato a diventare uno dei peggiori al mondo. Con implicazioni negative rilevanti, come documentano anche recenti ricerche Ocse, in termini di crescita economica e di benessere individuale[1].

Per continuare a crescere dal punto di vista del benessere economico e per rimanere competitivi, bisognerebbe allora investire di più sulla qualità e sulle opportunità delle nuove generazioni. E invece alla riduzione quantitativa sembra associarsi anche un relativo deterioramento qualitativo. Il rischio è che al «degiovanimento demografico» corrisponda un degiovanimento sociale, vale a dire una perdita generalizzata del peso e dell'importanza della componente più giovane della popolazione[2].

Secondo la teoria economica, un bene che diventa più scarso dovrebbe risultare più prezioso, più ricercato, aumentare di valore. E invece, paradossalmente, non è quello che accade in Italia per il bene «giovani». Ventenni e trentenni che vivono a sud delle Alpi, rispetto ai coetanei europei, contano di meno non solo dal punto di vista demografico, ma anche da quello sociale, economico e politico.

Una prima conseguenza negativa della riduzione demografica delle nuove generazioni è il ridimensionamento del loro peso elettorale. Questo non significa necessariamente una minore attenzione politica nei loro confronti. I dati empirici indicano però che l'Italia è uno dei paesi occidentali più gerontocratici, con un'età media tra le più elevate ai vertici della classe politica e della classe dirigente in generale, con scarsa spinta al ricambio generazionale[3]. Le difficoltà di rinnovo sono accentuate dalla presenza di barriere anagrafiche di accesso al Parlamento tra le più restrittive[4].

Una gerontocrazia pervasiva, che certo non riguarda solo la politica. Anche la popolazione accademica è una delle più anziane del mondo industrializzato. I docenti over 50 sono quasi il 60%, contro meno del 40% della Francia e valori attorno al 30% di Regno Unito, Spagna e Germania[5]. Ridotta è la presenza dei giovani anche nelle élite professionali e nella pubblica amministrazione: «Tra i dirigenti dell'amministrazione centrale dello stato, con funzioni dirigenziali, l'età media è cresciuta, tra il 1991 e il 2002, da 42 a 47 anni, e la percentuale di minori di 40 anni è diminuita dal 45 al 25% del totale»[6].

Ma sono in generale gli spazi di partecipazione attiva alla società che risultano più limitati nel nostro paese. Ne sono chiara testimonianza i bassi tassi di occupazione giovanile. In Italia ha un lavoro una persona su quattro in età 15-24 anni, contro quasi il 40% medio europeo (tab. 1.3). La Spagna, che a metà anni Novanta presentava valori più bassi dei nostri, ci ha ora nettamente superato.

La più bassa occupazione in età giovanile e l'autonomia tardiva rispetto agli altri paesi non possono essere imputate a un maggiore e più intensivo investimento nella fase formativa. Nella fascia 25-34 anni la percentuale di chi è arrivato almeno al diploma secondario superiore supera l'80% in molti paesi europei, mentre si situa sotto il 70% in Italia (assieme a Spagna e Portogallo). Sempre nella stessa fascia d'età, i laureati sono il 16%: un valore che è circa la metà della media europea (30%) e dei paesi Ocse (32%).

Non solo sono di meno i giovani che arrivano alla laurea, ma per chi raggiunge tale traguardo è poi anche più problematica la transizione al primo lavoro (fig. 1.3). Nella fascia 25-29 anni, tra chi ha concluso gli studi, gli occupati arrivano a malapena al 70%, contro quasi l'80% medio dell'Europa dei quindici.

TAB. 1.3. TASSI DI OCCUPAZIONE NELLA FASCIA D'ETÀ 15-25 ANNI (ANNO 2006)

	1996	2006
Italia	27,6	25,8
Francia	25,8	28,8
Germania	45,5	42,6
Regno Unito	55,0	52,2
Spagna	23,6	39,4
Eu-15	36,7	39,7

fonte: Elaborazioni da dati Istat ed Eurostat.

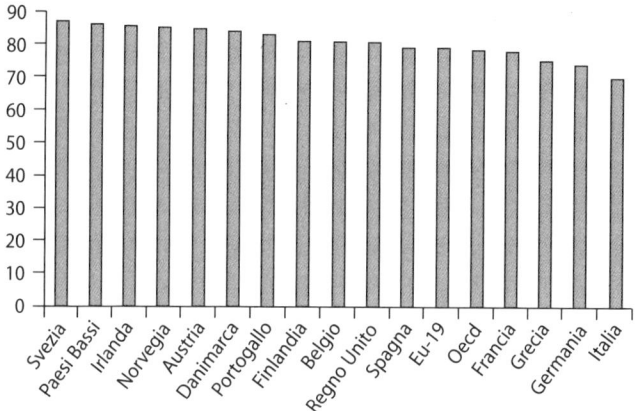

FIG. 1.3. Percentuale 25-29enni occupati tra chi ha concluso gli studi, anno 2005 (valori percentuali).

fonte: Elaborazioni da dati Ocse (*Education at a Glance 2007*).

Guardando poi all'evoluzione dinamica delle opportunità di lavoro dei laureati, i dati AlmaLaurea evidenziano come nel periodo 2000-06 gli occupati a un anno dalla laurea siano scesi dal 57 al 53%, e come, tra questi, siano aumentati i lavoratori atipici (dal 37 al 48%)[7]. La stessa riforma «3+2» non sembra peraltro aver migliorato la qualità della preparazione[8]. Che esista un problema di scarsa valorizzazione dei giovani lo testimonia anche il fatto che il vantaggio di aver conseguito un titolo di studio elevato è minore in Italia che altrove:

Nel passaggio dal diploma di scuola secondaria alla laurea il tasso di disoccupazione nel nostro Paese aumenta dell'11,3% negli uomini e rimane pressoché costante nelle donne (0,2%), contrariamente a quanto accade negli altri paesi, in cui diminuisce. L'Italia è l'unico paese europeo in cui il tasso di disoccupazione dei giovani laureati è maggiore di quello dei coetanei con un livello di istruzione inferiore, (...) il vantaggio nella formazione risulta evidente solo con il passare degli anni[9].

Per chi poi un lavoro ce l'ha, i salari risultano mediamente più bassi rispetto ai coetanei inglesi, tedeschi, francesi, e anche spagnoli. In proposito si possono citare molte evidenze empiriche. In particolare, alcuni studi di ricercatori della Banca d'Italia mostrano come, in un quadro generale di moderazione salariale, le retribuzioni medie nette mensili si siano ridotte maggiormente negli ultimi quindici anni per i giovani lavoratori. Se si confrontano le retribuzioni nette mensili degli uomini di età 19-30 anni con quelle dei 31-60enni, si passa da livelli del 20% in meno per i primi rispetto ai secondi nel 1990 al 33% in meno nel 2004-05. Tutto ciò nonostante le generazioni più giovani siano meno numerose e più istruite[10]. La loro maggiore produttività avrebbe dovuto comportare un aumento relativo dei salari. Ma questo non è avvenuto, segno che carriere e profili salariali premiano più l'anzianità lavorativa che l'acquisizione di nuove e più attuali capacità.

Che in Italia non si investa adeguatamente sul capitale umano costituito dalle nuove generazioni è confermato anche dai dati preoccupanti sulle performance scolastiche. Secondo quanto emerge delle indagini Pisa-Ocse[11], gli studenti italiani di quindici anni con scarsa capacità di lettura sono saliti da meno di uno su cinque del 2000 a oltre uno su quattro del 2006, uno dei valori peggiori in Europa. Sempre a partire da quelle indagini, uno studio di Barbieri e Cipollone sui risultati dei ragazzi italiani in matematica, lettura, scienze e *problem solving* stima una quota dei «poveri di competenze» intorno all'11% nella media dei quattro ambiti cognitivi:

> la quota di poveri più elevata si riscontra in matematica (13,2%) e nel *problem solving* (12,4%); scende a circa il 10% in lettura e in scienze naturali. Questi valori sono sensibilmente più elevati di quelli medi dell'Ocse, in particolare di 5 punti in matematica e di 2,4 punti in lettura[12].

Dati che puntano l'indice contro l'inadeguatezza complessiva del sistema scolastico, ma che chiamano in causa anche le famiglie. Secondo i dati Istat ed Eurostat (riferiti al 2006), oltre la metà degli adolescenti maschi italiani legge al massimo un libro all'anno e la spesa in cultura delle famiglie italiane è pari al 6,9% contro il 9,5% medio europeo.

Sulle opportunità formative e occupazionali pesano certo forti disuguaglianze che penalizzano in particolare chi vive al Sud e in famiglie con status socioculturale medio-basso[13]: «scegliendo» bene il luogo e la famiglia in cui nascere aumentano notevolmente le opportunità che il proprio talento individuale sia adeguatamente coltivato e trovi spazio e strumenti per emergere.

Ma le riflessioni sul tema delle opportunità e delle prerogative dei giovani, del loro ruolo nella società, possono sempre meno prescindere dall'impatto dell'immigrazione.

I minori stranieri nati in Italia, le cosiddette «seconde generazioni», sono oramai quasi mezzo milione. Si tratta di italiani di «fatto» visto che parlano italiano, vivono da italiani e non hanno la cittadinanza solo perché figli di stranieri. Numeri che fanno capire come la qualità delle nuove generazioni nel loro complesso dipenda in larga parte dalla qualità dell'investimento sui figli nati in Italia da genitori immigrati. Cruciali sono quindi le politiche per la loro integrazione e valorizzazione, affinché diventino una vera risorsa per la crescita dell'Italia.

I dati del ministero dell'Istruzione evidenziano come «la relazione tra numero di studenti stranieri ed esiti scolastici sia tutt'altro che lineare e molto dipende dalla qualità dell'intervento messo in atto dalle scuole». Gli stessi risultati dei test Pisa-Ocse fanno registrare punteggi medi degli studenti immigrati decisamente peggiori rispetto agli altri studenti, con un divario tra i due gruppi maggiore rispetto agli altri paesi europei. Uno svantaggio che riflette le difficoltà delle famiglie di origine, ma dovuto anche al fatto che «la scuola italiana sconta ritardi patologici nell'adattare l'offerta formativa» alle nuove esigenze[14].

Cruciali si rivelano invece le opportunità colte proprio nelle primissime fasi del processo di socializzazione. Recenti ricerche del premio Nobel per l'economia James Heckman mostrano del resto come sia particolarmente importante e produttivo quello che si investe per ridurre gli svantaggi sociali nelle prime fasi del corso della vita. Parafrasando le conclusioni di un suo articolo, potremmo dire che

> lo stato italiano non investe adeguatamente nelle prime fasi di vita per ridurre gli svantaggi di chi proviene da famiglie povere e dei figli di immigrati; nelle società avanzate i fondi indirizzati verso la fase iniziale dei percorsi di vita costituiscono un solido investimento in produttività e sicurezza, oltre che una riduzione delle disuguaglianze di partenza[15].

3. Protetti dalla famiglia di origine

Con il quadro empirico sin qui delineato, non può certo meravigliare la constatazione che i giovani italiani sono quelli che dipendono più a lungo dai genitori e ritardano di più le varie tappe di transizione alla vita adulta[16].

Tempi e modi del diventare adulti variano fortemente all'interno dell'Europa occidentale. Mentre in alcuni paesi, in particolare quelli scandinavi, la condizione comune è quella di guadagnare la propria autonomia quasi in concomitanza con la maggiore età, in altri paesi, come l'Italia, è diventata la normalità rimanere nella famiglia d'origine fin oltre la terza decade di vita (tab. 1.4). Se è vero che in Italia si fanno pochi figli, è anche vero che si rimane nella condizione di figli più a lungo. Tra i 15 e i 24 anni, tre giovani italiani su quattro dichiarano di dipendere economicamente dai genitori; nelle vicine Spagna e Francia i valori sono rispettivamente pari al 66% e al 60% e il valore medio nell'Europa occidentale è pari al 55%[17]. Le differenze nei tempi di conquista di una propria autonomia sono legate anche alle modalità di uscita dalla casa dei genitori. Nonostante sia in crescita la propensione a lasciare la casa dei genitori per motivi diversi dal matrimonio, rimane comunque maggiore nel nostro paese la propensione a farlo contestualmente alla costituzione di una unione di coppia[18].

La fase del distacco dalla famiglia d'origine è un passo cruciale nel delicato processo di formazione dell'individuo adulto, che necessita di adeguata preparazione e protezione[19]. Si lascia il porto sicuro della casa dei genitori per iniziare ad affrontare la vita da soli. La vulnerabilità, ovvero il rischio di naufragio, sarà tanto maggiore quanto più la propria imbarcazione sarà fragile e quanto più il mare al

TAB. 1.4. GIOVANI ITALIANI CHE VIVONO CON I GENITORI (%) PER FASCE D'ETÀ

	DONNE (1981)	DONNE (1993)	DONNE (2006)	UOMINI (1981)	UOMINI (1993)	UOMINI (2006)
20-24	55,2	78,9	84,9	79,8	90,9	91,6
25-29	19,8	36,8	49,4	39,9	60,5	68,5
30-34	8,7	12,2	20,8	15,5	24,9	41,1

fonti: Censimento 1981; Indagini Multiscopo Istat, anni vari.

largo sarà burrascoso e pieno di insidie. I rischi maggiori si corrono soprattutto all'inizio, subito dopo il varo. I primi anni di vita autonoma sono il vero banco di prova per se stessi e verso l'esterno. Partire bene significa anche acquistare fiducia, poter osare di più per raggiungere nuove mete. Partire male, o in modo incerto, può invece rafforzare il senso di insicurezza, con conseguenze penalizzanti sul percorso successivo.

Più alto è il rischio di fallimento nella prima fase, o comunque di sbattere contro scogli che lasciano il segno, tanto più una società avrà difficoltà a rinnovarsi, a crescere e a prosperare. Uno dei compiti principali di una società è infatti quello di produrre nuovi individui che siano dotati di capacità e strumenti per cogliere le sfide del presente e del futuro. Non si tratta quindi solamente di fornire a ciascuno le giuste opportunità per realizzare al meglio il proprio destino personale: dal successo individuale nel diventare adulti dipendono anche il futuro e il successo della società nel suo complesso.

I rischi della navigazione in mare aperto si possono fronteggiare con l'aiuto di strumenti, esplicitamente previsti, di supporto e soccorso. L'azione pubblica verso i giovani sarà maggiore quanto più alto sarà il senso del loro valore per l'intera collettività. Quanto più invece prevarrà il senso di appartenenza familiare e di sangue rispetto a quello sociale, tanto maggiore sarà l'affidamento al sostegno e al mutuo soccorso informale parentale.

Ecco allora che le imbarcazioni costruite nei cantieri del Nord Europa tendono a essere più snelle e veloci. In grado di affrontare meglio le insidie esterne, perché possono usufruire di punti di riferimento e di soccorso efficienti, universalisticamente a disposizione di chi si trova in difficoltà. Nei cantieri dell'Europa mediterranea i tempi di costruzione sono invece più lunghi. Le strutture delle imbarcazioni più rigide e ingombranti. Adatte per grandi carichi e per viaggi a corto raggio. È consigliato il non eccessivo allontanamento dal porto di partenza, al quale fare riferimento per qualsiasi necessità.

Fuor di metafora, il modo di essere famiglia e di intendere i legami familiari in Italia, ma più in generale nell'Europa mediterranea, è diverso per alcuni importanti aspetti rispetto a quello di altre aree del mondo occidentale. Scrive Sgritta:

> Se in molte sfere dell'esistenza è in atto una progressiva omologazione dei comportamenti della popolazione giovanile (…) è indubbio che le differenze tra paesi restano tuttora considerevoli. La tradizione culturale, la permanenza di più o meno diffusi sentimenti religiosi, le possibilità di crescita economica, le *welfare policies*, le regole del sistema educativo, l'organizzazione del mercato dei beni e dei servizi, ecc., sono tutti elementi capaci di influenzare le decisioni e i mutamenti di ruolo che intervengono nella transizione all'età adulta[20].

Vari studi del resto hanno messo in evidenza l'esistenza di differenze antropologicamente radicate[21]. In particolare, a sud di Alpi e Pirenei il rapporto tra genitori e figli sembra essere particolarmente forte e intenso. Con più facilità i genitori sarebbero portati a considerare i figli quasi come un proprio prolungamento e a vedere i loro insuccessi come propri fallimenti. Ma anche a sacrificarsi di più per quello che valutano il loro bene, per migliorare il loro destino sociale. Tenderebbero quindi ad avere meno figli per «non fargli mancare nulla». Oltre alla bassa fecondità, ciò spiegherebbe anche la maggior accondiscendenza nell'ospitarli a lungo nella famiglia di origine, e il continuo interscambio affettivo e strumentale pur dopo l'uscita dalla casa dei genitori[22].

In particolare, si dà molta più importanza alla solidarietà tra membri della stessa famiglia, in tutte le fasi della vita. Non solo si rimane più a lungo a vivere con i genitori, ma una volta usciti, più che altrove si tende a stabilire la propria dimora in prossimità della famiglia di origine mantenendo un intenso e continuativo flusso di contatti e di mutuo sostegno[23]. Viceversa, la prossimità e i legami familiari intergenerazionali tendono a essere più deboli nell'Europa nordoccidentale[24].

Questa differenza è importante, perché è strettamente connessa sia al fatto che la società italiana è centrata più sulla famiglia che sull'individuo, sia al sistema di welfare, maggiormente sviluppato e incentrato sui diritti e le esigenze dell'individuo nel Nord Europa, e invece affidato soprattutto alla solidarietà familiare in Italia. Ma più in generale e in modo più profondo, tale legame ha a che fare con la natura stessa della famiglia, il suo significato e il ruolo che riveste nella società e per l'individuo stesso. I genitori dei paesi dell'Europa nordoccidentale tendono a trasmettere ai figli il valore dell'indipendenza, dell'autonomia, dell'importanza di imparare a cavarsela da soli, del crescere e maturare affrontando le sfide della vita. Tutto ciò è coerente con la formazione di persone che devono prepararsi a vivere in una società che dà maggior enfasi al ruolo dell'individuo. I giovani tendono quindi a uscire relativamente presto dalla casa dei genitori, normalmente molto prima del momento della formazione di una propria famiglia.

Viceversa, i genitori italiani, e più in generale mediterranei, tendono a investire molto sui figli, sia materialmente che affettivamente, a trasmettere l'importanza della famiglia e della solidarietà intergenerazionale, costruendo solide e durature relazioni emotive[25]. Tutto ciò coerentemente con una società nella quale quel legame è anche l'asse portante del sistema di welfare, che in Italia è appunto basato più che altrove sulle reti di aiuto informale. La maggiore «protettività» e la prossimità affettiva dei genitori italiani tendono a favorire la permanenza dei figli nella famiglia di origine finché non sono realizzate le condizioni per un'uscita «solida»[26]. Fino a pochi anni fa la situazione tipica era quella dell'uscita, direttamente per matrimonio, dopo aver concluso gli studi, aver trovato un lavoro sicuro, e aver avuto a disposizione una casa di proprietà. Vedere i «figli sistemati», del resto, è sempre stata la preoccupazione più forte dei genitori mediterranei. Ma queste considerazioni non vanno disgiunte dal fatto che in Italia, come abbiamo già detto, proprio per le carenze del sistema di protezione sociale, il destino sociale dei figli è sempre dipeso molto dall'investimento dei genitori su di essi.

La propensione dei genitori italiani ad assumere un ruolo particolarmente protettivo e propulsivo nei confronti dei figli e del loro destino sociale va quindi letta congiuntamente con le specificità del sistema di welfare che caratterizzano il nostro paese[27]. Le carenze in termini di aiuti pubblici fanno sì che difficilmente i giovani possano rinunciare al sostegno di padri e madri. Il fatto che la famiglia sia da sempre l'unico vero «ammortizzatore sociale» aumenta infatti la dipendenza dai genitori e fa rivestire a questi un ruolo cruciale nella protezione dai rischi e nell'aiuto garantito ai giovani per cogliere le migliori opportunità nella costruzione del proprio futuro.

Ma oltre agli aspetti culturali e alle carenze del welfare pubblico, esistono anche altri importanti fattori di ordine strutturale ed economico che incidono negativamente sulla possibilità dei giovani italiani di conquistare una propria autonomia in età precoce. Ad esempio, negli altri paesi occidentali, molti giovani iniziano a sperimentare una propria indipendenza già durante gli studi universitari, andando a vivere nei campus dei grandi atenei. La distribuzione capillare delle università sul territorio italiano consente invece a molti studenti di frequentare i corsi rimanendo a vivere con i genitori. L'assenza di un sistema completo di borse di studio non facilita però l'opzione di continuare a studiare lasciando la famiglia di origine per coloro che non dispongono di forti risorse familiari. Si esce inoltre tardi dal percorso formativo e il ritardo di entrata nel mercato del lavoro produce conseguenze negative per i singoli[28] oltre che per la società nel suo complesso[29]. I dati delle indagini Iard evidenziano del resto come «i giovani che restano a lungo in famiglia mostrano un maggior livello di insoddisfazione e di sfiducia in se stessi e questo lascia pensare che in condizioni più favorevoli non resterebbero poi così a lungo nella casa dei genitori»[30].

Legate alla lunga permanenza nella famiglia di origine sono, ovviamente, anche la più bassa occupazione in età giovanile (tab. 1.3) e le basse remunerazioni. Il miglioramento della propria situazione economica come prerequisito dell'uscita dalla casa dei genitori è del resto indicato non solo dalla netta maggioranza di chi ancora non ha un'occupazione, ma anche da una quota molto rilevante di giovani occupati (tab. 1.5). Più di uno su tre dei trentenni occupati che vivono con i genitori dichiara di guadagnare un reddito insufficiente a garantire la propria autonomia e a creare una famiglia.

TAB. 1.5. «LA DECISIONE DI USCIRE DALLA CASA DEI GENITORI, QUANTO DIPENDE DA...?» (PERSONE DI 30-39 ANNI CHE VIVONO CON I GENITORI)

	NON OCCUPATI		OCCUPATI	
	UOMINI	DONNE	UOMINI	DONNE
Situazione economica				
Molto/Abbastanza	65,6	69,0	40,6	44,7
Poco	18,2	14,9	26,8	29,2
Per niente	16,2	16,1	32,6	26,1
Totale	100	100	100	100
Situazione lavorativa				
Molto/Abbastanza	62,4	63,8	35,6	39,0
Poco	16,9	16,2	28,6	29,8
Per niente	20,7	20,0	35,8	31,2
Totale	100	100	100	100

fonte: Indagine «Famiglia e soggetti sociali», Istat, 2003-04.

Se si mettono assieme la quota di non occupati e la quota di occupati «insoddisfatti» (cioè con basso reddito e/o scarsa stabilità dell'impiego), si ottengono percentuali molto alte tra i trentenni ancora in casa con i genitori; nel Mezzogiorno si arriva addirittura a oltre la metà. Al di là del facile stereotipo dei giovani italiani «mammoni», nel loro complesso, questi dati suggeriscono come i problemi economici e occupazionali esercitino un peso molto rilevante sulla lunga permanenza nella famiglia di origine, in particolare nel Sud Italia, dove, non a caso, il rallentamento all'uscita è risultato negli ultimi anni particolarmente accentuato (vedi cap. 3).

4. Le carenze del welfare pubblico

Globalizzazione e trasformazioni del mercato del lavoro richiedono una disponibilità sempre maggiore alla mobilità sul territorio, per cogliere le migliori opportunità occupazionali. Ciò significa spesso allontanarsi dalla casa dei genitori e iniziare una vita autonoma in condizioni di provvisorietà, come accade a molti giovani dei paesi dell'Europa nordoccidentale. Tuttavia, in Italia, come ampiamente riconosciuto, mancano adeguati strumenti pubblici a sostegno del reddito nelle fasi «scoperte» di passaggio da un lavoro all'altro, il mercato è meno dinamico, ed è quindi meno facile trovare un nuovo lavoro, e inoltre gli affitti sono relativamente più onerosi[31]. Di conseguenza, molti giovani alla fine di un rapporto di lavoro si trovano costretti a fare marcia indietro e a tornare a vivere con i genitori. Situazione, questa, che crea spesso frustrazione, senso di impotenza, e perdita di fiducia in se stessi e nella possibilità di costruire un proprio futuro. Più facilmente che altrove la flessibilizzazione del mercato del lavoro rischia di trasformarsi in una trappola[32]. In assenza di un adeguato sistema di protezione dai nuovi rischi[33], la flessibilità diventa precarietà e produce una procrastinazione dei tempi per il raggiungimento di una stabilizzazione che consenta di progettare un proprio futuro e formare una propria famiglia.

Una condizione sempre più insostenibile, tanto che lo stesso Libro Verde del ministro del Lavoro, uscito nel luglio 2008, è dedicato ai giovani, «perché vuole concorrere a ricostruire fiducia nel futuro». Un'esplicita ammissione che qualcosa nell'Italia degli ultimi anni non ha funzionato nei riguardi delle nuove generazioni e delle loro prospettive. Al di là del riconoscimento delle disfunzioni del nostro sistema, rimangono fatti e dati. I confronti internazionali rivelano in modo molto chiaro come il nostro sia il paese che destina meno risorse alle fasce più giovani della popolazione. Se nel complesso la spesa italiana per protezione sociale è in linea con i livelli medi degli altri paesi dell'Europa occidentale, è vero però che la gran parte viene assorbita dalle generazioni più anziane.

> Le prestazioni sociali diverse dalle pensioni sono di modesta entità, con valori inferiori alla media europea e anche alla quasi totalità degli altri paesi. Questa circostanza si evidenzia non solo per la sanità (...) ma anche per le prestazioni di tipo assistenziale, per le quali il gap negativo italiano è ancora più accentuato. Per le misure a sostegno della famiglia e di contrasto alla disoccupazione nonché per quelle volte all'abitazione e alla prevenzione di situazioni di povertà ed esclusione sociale, l'Italia occupa infatti gli ultimi posti della graduatoria europea[34].

I dati Eurostat mostrano, in particolare, come siamo uno dei paesi che spendono di meno per la disoccupazione. La percentuale di disoccupati con un sussidio non arriva al 20% in Italia, mentre a percepirlo è la netta maggioranza nel resto d'Europa[35]. Se si considera che nel nostro paese il 60% dei disoccupati è under 35, non c'è da meravigliarsi che la gran parte di loro continui a vivere con i genitori, al contrario di quanto accade altrove[36].

La minore protezione sociale di cui godono i giovani italiani fa percepire come più elevati, a parità di altre condizioni, i rischi di uscita. Ciò significa anche che in molti casi si rinuncia a un lavoro instabile, preferendo attendere opportunità (quantomeno un po') migliori rimanendo disoccupati nella casa dei genitori. La mancanza di adeguati ammortizzatori sociali contribuisce a rendere meno dinamico il mercato e relativamente bassa l'occupazione, e nel complesso penalizza lo sviluppo economico e sociale del paese.

A tutto ciò va poi aggiunto il tema dell'indebitamento pubblico, che pesa come un macigno sullo squilibrio generazionale. Ancora nel 1980 il debito italiano era attorno al 60% del Pil. Nel corso degli anni Ottanta conosce una fase di forte ascesa, fino ad arrivare a sforare il tetto del prodotto interno lordo a inizio anni Novanta. Da allora non è più sceso sotto il livello del 100%, risultando tuttora uno dei più gravosi nel mondo occidentale (la media Eu-15 è pari al 65%).

Chi è entrato nella vita adulta a partire dalla metà degli anni Novanta ha ereditato un debito pubblico che non ha contribuito né direttamente né indirettamente a costituire e del quale non ha beneficiato in alcun modo. Si trova invece a doverne pagare pesantemente i costi. Si tratta di una condizione fortemente iniqua, visto che il debito non è stato formato per potenziare le prospettive delle nuove generazioni e di crescita del paese[37].

Un grafico che descrive bene il particolare modello di sviluppo dell'Italia negli ultimi trent'anni è quello che mette in relazione l'evoluzione del debito con la dinamica delle nascite (fig. 1.4). Le due curve risultano sostanzialmente speculari. Difficile trovare una relazione simile tra due indicatori apparentemente indipendenti tra loro. In nessun altro paese

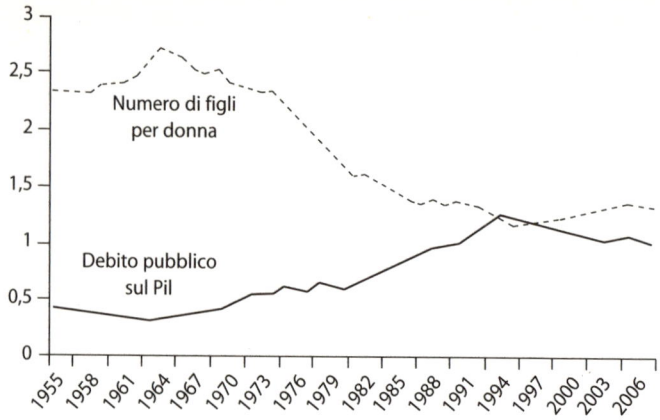

FIG. 1.4. Debito pubblico su Pil e numero medio di figli per donna in Italia (anni 1955-2007).

europeo si è prodotta una tale combinazione di crollo delle nascite e di aumento del debito come avvenuto in Italia tra fine anni Settanta e metà anni Novanta. Un periodo della nostra storia nel quale la difesa del benessere è passata, poco virtuosamente, attraverso la riduzione del numero di figli e l'accumulazione di debito.

Per le scelte operate dalle generazioni precedenti, ora i giovani italiani si trovano con un surplus di costi e di vincoli, dovuti all'accentuato invecchiamento della popolazione e al macigno dell'indebitamento che i coetanei degli altri paesi non hanno. Un macigno che continua a rimanere un ostacolo pesante allo sviluppo del paese e che si fa ancor più sentire in periodi di crisi vincolando le possibilità di intervento dello stato a sostegno delle nuove generazioni e più in generale delle fasce della popolazione meno protette dal sistema di welfare[38].

5. Il cuore oltre gli ostacoli: formare una propria famiglia

Gli squilibri generazionali di cui soffre l'Italia vanno a scapito dell'investimento sui giovani e sul loro futuro. Non consentono un loro pieno contributo allo sviluppo sociale ed economico del paese e producono conseguenze negative anche sulle scelte di vita dei singoli.

Le difficoltà di conquista e difesa di una propria autonomia si riflettono, infatti, anche su tempi e modalità di formazione di un proprio nucleo familiare. Tanto che l'Italia è oggi uno dei paesi europei con incidenza più bassa di under 35 che vivono in coppia (fig. 1.5). Secondo i dati Istat, fino alla prima parte degli anni Novanta nella fascia d'età 25-35 anni oltre la metà delle donne era in coppia con figli, ora sono a malapena una su tre. Per gli uomini si è passati da un terzo a un quinto[39]. L'età tardiva di conquista di una propria autonomia e di formazione di una propria famiglia riduce i margini di realizzazione

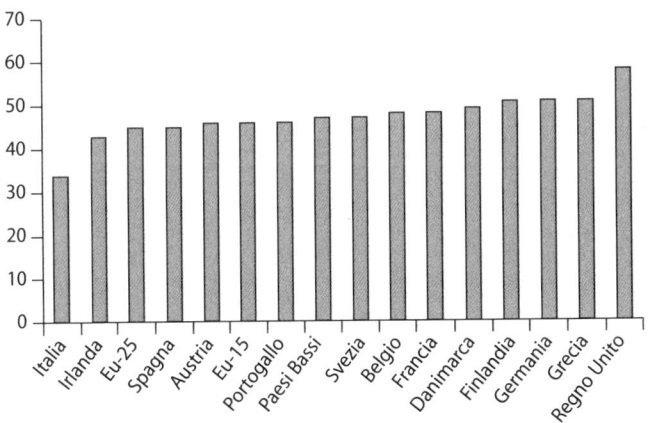

FIG. 1.5. Donne di età 18-34 anni che vivono in coppia. Confronto tra paesi europei.

fonte: European Foundation for the Improvement of Living and Working Conditions, *Quality of Life in Europe*, 2004.

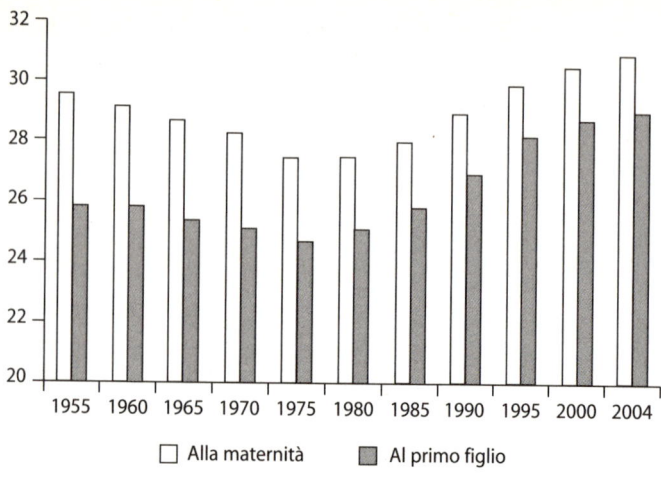

FIG. 1.6. Età media femminile alla maternità e al primo figlio.

fonte: Elaborazioni da dati Istat.

dei desideri riproduttivi e forma un quadro coerente con la persistente bassa fecondità[40].

Se il processo di posticipazione delle nascite è comune a tutto il mondo occidentale, è però vero che l'Italia ne è una delle punte più avanzate. L'età media femminile al primo figlio, inferiore ai 25 anni a metà anni Settanta, si trova ora sopra i 29 ed è in continua crescita. Nell'Italia centrosettentrionale il valore è oramai prossimo ai 30 anni, ed è uno dei più elevati nel mondo occidentale.

Le trasformazioni nel percorso di acquisizione dei ruoli adulti, il maggior investimento in formazione e le difficoltà nello stabilizzare il proprio percorso lavorativo portano, in particolare, sempre più donne e uomini ad arrivare ai 35 anni senza aver avuto figli. Secondo i dati dell'istituto Iard, le persone di età 30-34 anni con figli che risultavano pari al 44,4% nell'indagine condotta nel 2000, sono scese al 39,5% nella rilevazione del 2004 (il 28,5% dei maschi e il 50,3% delle femmine)[41].

Nonostante sia posticipato, il desiderio di maternità e paternità rimane comunque elevato. Secondo i dati di un'indagine su un campione di persone attorno ai 35 anni, nell'ideale assenza di costrizioni di qualsiasi tipo, si fermerebbe a zero figli meno dell'8% delle persone, e al figlio unico solo poco più del 10%. Il 50% desidererebbe avere due figli e oltre il 30% almeno tre[42]. Risulta però sensibilmente più basso il numero di figli che realisticamente si pensa di avere: il 40% degli uomini e il 60% delle donne ritiene che riuscirà ad avere al massimo un figlio. Questo significa che, soprattutto nell'ottica femminile, arrivare a 35 anni senza figli ridimensiona drasticamente la possibilità di poter raggiungere la fecondità desiderata. Ciò vale in misura un po' minore per gli uomini, che possono contare su un orologio biologico meno restrittivo in termini riproduttivi[43].

Se aumenta la quota di persone che arrivano a 35 anni senza ancora aver avuto figli, è comunque in crescita anche la percentuale di coloro che cercano di recuperare dopo tale età. La fecondità oltre i 35 anni (definita «fecondità tardiva») è in aumento in quasi tutti i paesi occidentali.

Attualmente, in Italia nasce dopo i 35 anni oltre un bambino su cinque. All'avvicinarsi dei 40 anni però iniziano a diminuire drasticamente le capacità biologiche, soprattutto sul versante femminile, di ottenere un concepimento. Molte coppie che arrivano oltre i 35 anni senza figli o con un solo figlio, pur desiderandone un altro, potrebbero alla fine trovarsi a dover rinunciare[44].

La continua posticipazione delle tappe di transizione alla vita adulta è quindi in buona parte anche causa della bassa fecondità italiana e della rilevante discrepanza tra desideri e comportamenti riproduttivi.

Come suggeriscono tali dati e come vari studi confermano, aiutare i giovani a diventare autonomi in età meno tardiva e, in particolare, a non posticipare troppo la formazione di un'unione di coppia, può produrre ricadute positive sulla fecondità[45], riducendo l'attuale ampio divario tra numero desiderato di figli e quanto poi effettivamente realizzato.

Oltre agli ostacoli già trattati, relativi soprattutto a opportunità occupazionali ridotte, a remunerazioni iniziali basse, a instabilità lavorativa senza una adeguata protezione sociale, va infine aggiunta anche la questione dell'abitazione e del costo della vita in generale[46]. La difficoltà a raggiungere requisiti minimi rispetto al binomio lavoro e casa per diventare economicamente indipendenti e formare un nucleo familiare è infatti una delle preoccupazioni maggiori che i giovani esprimono in tutte le indagini che sondano le loro condizioni. Quello del futuro dei figli è diventato anche uno dei principali assilli dei genitori, in difficoltà nell'aiutarli all'interno di un contesto sempre più incerto e penalizzante. Una conseguenza della crescente instabilità occupazionale e dei bassi salari di ingresso è il fatto di considerare sempre più indispensabile un lavoro per entrambi i membri della coppia come prerequisito per sposarsi. È considerato cruciale avere anche la disponibilità di una propria abitazione, meglio se di proprietà, ottenuta con il consistente aiuto della famiglia di origine[47]. E la grande maggioranza dei genitori italiani pensa sia quasi un proprio dovere acquistare o contribuire all'acquisto di una casa per i figli[48]. Non tutti riescono a farlo e comunque non tutti allo stesso modo.

Le caratteristiche del sistema italiano e del mercato immobiliare incentivano l'acquisto dell'abitazione anziché il ricorso all'affitto[49]. Uno studio di Bernardi e Poggio[50] evidenzia come l'acquisto dipenda fortemente dall'aiuto della famiglia di origine e come ciò si sia accentuato nel tempo, anche come conseguenza della precarietà occupazionale dei giovani in difficoltà a ottenere e a sostenere un mutuo. Inoltre, non solo esistono significative differenze sociali nelle possibilità per un giovane di essere proprietario, ma le disparità sono anche aumentate nel corso del tempo[51].

Va però considerato che la mobilità è sempre più una necessità in un mercato del lavoro nel quale è in via di estinzione il posto fisso per tutta la vita. Cresce l'esigenza di spostarsi non solo nel momento del distacco dalla famiglia di origine, ma anche in fasi successive. Più che vincolare i giovani all'acquisto di un'abitazione di proprietà, andrebbe allora favorito il mercato degli affitti, rendendoli molto più accessibili[52]. Questo consentirebbe ai giovani di diventare autonomi in età meno tardiva, senza dover necessariamente attendere di accumulare risorse tali da permettere l'acquisto dell'abitazione.

note

[1] Si veda ad esempio il Rapporto Ocse, *Live Longer, Work Longer*, 2006.

[2] A. Rosina e P. Balduzzi, *L'Italia delle nuove generazioni. La sfida del degiovanimento*, relazione presentata al Convegno «20 e 30: è ora di cambiare?», 3-4 aprile 2008, Milano, Università Cattolica.

[3] C. Carboni (a cura di), *Élite e classi dirigenti in Italia*, Roma-Bari, Laterza, 2007.

[4] F. Billari, *Il blocco generazionale della politica italiana*, in «il Mulino», 5, 2007. Inoltre: P. Balduzzi e A. Rosina, *Ancora al voto con le quote grigie*, in www.lavoce.info.

[5] Si veda il sito http://statistica.miur.it, dati riferiti al 2006.

[6] M. Livi Bacci, *Avanti giovani, alla riscossa. Come uscire dalla crisi giovanile in Italia*, Bologna, Il Mulino, 2008.

[7] Laureati pre-riforma, si veda il sito www.almalaurea.it.

[8] Lo confermano anche i dati del IX Rapporto sullo stato del sistema universitario (pubblicato nel dicembre 2008) in www.cnvsu.it.

[9] Ministero dell'Università e della ricerca, *L'Università in cifre. 2007*, in http://statistica.miur.it/.

[10] A. Rosolia e R. Torrini, *The Generation Gap. An Analysis of the Decline of Relative Wages of Young Italian Males*, Banca d'Italia, 2007.

[11] Si veda il sito www.pisa.oecd.org.

[12] G. Barbieri e P. Cipollone, *I poveri di conoscenza*, in www.neodemos.it, 5/12/2008; G. Barbieri e P. Cipollone, *I poveri in istruzione*, in A. Brandolini e C. Saraceno (a cura di), *Povertà e benessere. Una geografia delle disuguaglianze in Italia*, Bologna, Il Mulino, 2007.

[13] Ad esempio, in uno studio delle determinanti che sottostanno al processo formativo delle competenze, Checchi mostra come «a livello individuale queste appaiono riconducibili in massima parte all'ambiente familiare (descritto non solo attraverso l'istruzione dei genitori, ma anche grazie alle informazioni sulla disponibilità di libri in casa, sulla presenza di attività culturali, sulla partecipazione alle discussioni in famiglia e sul sostegno ricevuto dai parenti a favore dello studente intervistato)». D. Checchi, *Rendimento, ambiente familiare e risorse scolastiche: l'indagine Pisa 2000 in Italia*, in «Impresa & Stato», 69, 2004. L'importanza del ruolo della famiglia riguarda anche la possibilità di trovare un lavoro: si stima che in Italia oltre un terzo delle persone trovi lavoro grazie a parenti e conoscenti (dati Istat, si veda anche il Rapporto Isfol 2007).

[14] G. Ferri e V. Peragine, *Pisa amara per meridionali e immigrati*, in www.lavoce.info, 15/01/2009.

[15] J.J. Heckman e D.V. Masterov, *The Productivity Argument for Investing in Young Children*, IZA Discussion Papers 2725, Institute for the Study of Labor (IZA), 2007.

[16] Sul fenomeno della lunga permanenza dei giovani in famiglia, si veda, in particolare: E. Scabini e P.P. Donati (a cura di), *La famiglia lunga del giovane adulto*, in «Studi interdisciplinari sulla famiglia», 14, 1988. Inoltre: F. Billari e F. Ongaro, *Lasciare la famiglia di origine: quando e perché?*, in P. De Sandre, A. Pinnelli e A. Santini (a cura di), *Nuzialità e fecondità in trasformazione: percorsi e fattori del cambiamento*, Bologna, Il Mulino, 1999.

[17] Dati Eurobarometro.

[18] Ciò vale ancora più per le donne, si veda: M.C. Chiuri e D. Del Boca, *Household membership in Europe*, Carlo Alberto Notebook 75, 2008. Inoltre: F. Ongaro, *Transition to adulthood in Italy*, in M. Corijn e E. Klijzing (a cura di), *Transition to Adulthood in Europe*, London, Kluwer, 2001.

[19] A. Rosina, G.A. Micheli e S. Mazzuco, *Le difficoltà dei giovani all'uscita dalla casa dei genitori. Un'analisi del rischio*, in «Rivista delle Politiche Sociali», 3, 2007; A. Aassve, M. Iacovou e L. Mencarini, *Youth poverty and transition to adulthood in Europe*, in «Demographic Research», 15, 2006, pp. 21-50.

[20] G.B. Sgritta, *La transizione all'età adulta: la sindrome del ritardo*, in *Famiglie, mutamenti e politiche sociali*, Bologna, Il Mulino, vol. I, 2002. Sull'importanza dei fattori culturali oltre a quelli economici e strutturali, si veda anche F. Bettio e P. Villa, *Strutture familiari e mercati del lavoro nei paesi sviluppati*, in «Economia e Lavoro», 2, 1993. Inoltre: M. Manacorda e E. Moretti, *Why do most Italian young men live with their parents? Intergenerational transfers and household structure*, in «Journal of the European Economic Association», 4, 2006.

[21] Si vedano ad esempio quelli raccolti in G. Dalla Zuanna e G. Micheli (a cura di), *Strong Family and Low Fertility: A Paradox?*, Dordrecht, Kluwer Academic Press, 2004.

[22] G. Dalla Zuanna, *The banquet of Aeolus. A familistic interpretation of Italy's lowest low fertility*, in «Demographic Research», 4, 2001. L'importanza dei fattori culturali trova conferma anche in studi che confrontano il comportamento degli italiani emigrati all'estero. Ad esempio, una ricerca negli Stati Uniti sulle seconde generazioni ha mostrato come i figli con genitori di origine italiana o spagnola vivano più a lungo in famiglia: P. Giuliano, *Living Arrangements in Western Europe: Does Cultural Origin Matter?*, IZA Working Paper n. 2042, March, 2006.

[23] C. Tomassini, D. Wolf e A. Rosina, *Parental housing assistance and parent-child proximity in Italy*, in «Journal of Marriage and Family», 65, 3, 2003; M. Barbagli, M. Castiglioni e G. Dalla Zuanna, *Fare famiglia in Italia. Un secolo di cambiamenti*, Bologna, Il Mulino, 2003.

[24] D.S. Reher, *Family ties in Western Europe: Persistent contrasts*, in «Population and Development Review», 24, 1998.

[25] Sulla minore importanza data dai genitori italiani all'autonomia e indipendenza dei figli, si vedano ad esempio i dati riportati in D. Del Boca e M.C. Chiuri, *Household membership in Europe*, Carlo Alberto Notebook 75, 2008.

[26] L'atteggiamento iperprotettivo da parte dei genitori può trasmettere nei figli insicurezza ed eccessiva prudenza. Rinviare l'uscita può quindi essere una scelta (o una non scelta) non sempre «giustificata da un rischio consistente di ristrettezza economica, rischio che è al contrario la norma in buona parte d'Europa», G.A. Micheli, *Dietro ragionevoli scelte. Per capire i comportamenti dei giovani adulti italiani*, Torino, Edizioni Fondazione Giovanni Agnelli, 2008.

[27] M. Ferrera, *The «Southern model» of welfare in social Europe*, in «Journal of European Social Policy», 6, 1, 1996, pp. 17-37.

[28] Secondo le analisi di Billari e Tabellini, l'anticipazione di un anno nell'uscita dalla casa dei genitori, a parità di caratteristiche individuali e familiari, comporta un vantaggio di reddito che equivale a tre mesi aggiuntivi di istruzione: F.C. Billari e G. Tabellini, *Italians are Late: Does it Matter?*, mimeo, 2008.

[29] M. Livi Bacci, *Avanti giovani, alla riscossa. Come uscire dalla crisi giovanile in Italia*, Bologna, Il Mulino, 2008. Si veda anche C. Carboni (a cura di), *Élite e classi dirigenti in Italia*, Roma-Bari, Laterza, 2007.

[30] A. Cavalli, *Introduzione*, in C. Buzzi, A. Cavalli e A. de Lillo (a cura di), *Rapporto giovani. Sesta indagine dell'Istituto Iard sulla condizione giovanile in Italia*, Bologna, Il Mulino, 2007.

[31] Specie nelle grandi città: E. Zucchetti (a cura di), *Milano 2006. Rapporto sulla città*, Milano, Angeli, 2006.

[32] P. Barbieri, *Nuovi rischi, nuovo welfare*, in «Stato e mercato», 74, 2005; S. Salvini e I. Ferro, *Famiglia e figli in Toscana all'insegna dell'incertezza economica*, Regione Toscana, 2005.

[33] «Successfully managing new risks is increasingly important, particularly for the more vulnerable groups (...) New risks tend to affect people at younger stages of their lives than do old social risks, since they are mainly to do with entering the labour market and establishing a position within it, and care responsibilities primarily at the stage of family building», P. Taylor-Gooby (a cura di), *New Risks, New Welfare. The Trasformation of the European Welfare State*, Oxford, Oxford University Press, 2004.

[34] R.F. Pizzuti, *Rapporto sullo stato sociale. 2008. Il tendenziale slittamento dei rischi sociali dalla collettività all'individuo*, Torino, Utet, 2008.

[35] Si vedano ad esempio i dati riportati in L. Battistoni e N. Sorcioni (a cura di), *Giovani generazioni al lavoro*, Ministero del Lavoro e della previdenza sociale, 2006.

[36] Vive nella famiglia di origine quasi l'80% dei ventenni disoccupati, contro circa il 65% degli spagnoli, il 45% dei francesi, il 42% degli inglesi, il 35% dei tedeschi: A. Rosina, G.A. Micheli e S. Mazzuco, *Le difficoltà dei giovani all'uscita dalla casa dei genitori. Un'analisi del rischio*, in «Rivista delle Politiche Sociali», 3, 2007.

[37] T. Boeri e V. Galasso, *Contro i giovani. Come l'Italia sta tradendo le nuove generazioni*, Milano, Mondadori, 2007.

[38] In situazione di crisi i vari paesi predispongono interventi di sostegno all'economia a scapito di deficit e debito pubblico. Ma come sottolinea, ad esempio, Bini Smaghi (membro del board Bce): «c'è chi ha i conti a posto e ha margini di manovra. E chi, come l'Italia, ha un debito già alto e non ha possibilità di aumentare la spesa» (in «la Repubblica», 7 gennaio 2009, p. 19).

[39] G. Gesano, F. Ongaro e A. Rosina, *Rapporto sulla popolazione. L'Italia all'inizio del XXI secolo*, Bologna, Il Mulino, 2007.

[40] In un confronto con la Gran Bretagna, Schizzerotto e Lucchini imputano il maggior ritardo nella transizione al primo ruolo genitoriale a un maggior peso sia dei fattori economici sia a maggiori vincoli culturali e istituzionali: A. Schizzerotto e M. Lucchini, *La formazione di nuove famiglie in Italia e Gran Bretagna: un'analisi longitudinale*, in *Famiglie, mutamenti e politiche sociali*, Bologna, Il Mulino, vol. I.

[41] C. Buzzi, A. Cavalli e A. de Lillo (a cura di), *Rapporto giovani. Sesta indagine dell'Istituto Iard sulla condizione giovanile in Italia*, Bologna, Il Mulino, 2007.

[42] Nostre analisi sui dati dell'indagine Idea: Convegno su «Famiglie, nascite e politiche sociali», 28-29 aprile 2005, Roma, Accademia nazionale dei Lincei.

[43] La maggior parte degli uomini che arrivano senza figli attorno ai 35 anni pensa infatti di avere realisticamente ancora il tempo per riuscire ad avere due o più figli. Ciò però è possibile se ci si sposa con una donna molto più giovane. Si veda a questo proposito A. Rosina, *Splendidi quarantenni (ancora, e sempre, in tempo per metter su famiglia)*, in E. Dell'Agnese ed E. Ruspini (a cura di), *Mascolinità all'italiana. Costruzioni, narrazioni, mutamenti*, Torino, Utet, 2007.

[44] A. Rosina e B. Colombo, *Fecondità e tempi di attesa del concepimento*, in F. Bonarini, F. Ongaro e C. Viafora (a cura di), *Sessualità e riproduzione: tutto sotto controllo? Concepimento e gravidanza in contesti di bassa natalità*, Milano, Angeli, 2004.

[45] F. Billari e A. Rosina, *Italian «latest-late» transition to adulthood and the consequences on fertility*, in «Genus», LX, 1, 2004.

[46] L. Campiglio, *Il costo del vivere*, Bologna, Il Mulino, 1996.

[47] F.G. Castels e M. Ferrera, *Home ownership and the welfare state. Is Southern Europe different?*, in «South European Society and Politics», I, 2.

[48] A. Rosina e G. Micheli, *Modelli familiari e negoziazione dei percorsi di transizione allo stato adulto*, Atti del Convegno su «Famiglie, nascite e politiche sociali», Roma, 28-29 aprile 2005, Accademia nazionale dei Lincei, 2006.

[49] Si veda anche C. Saraceno, *Mutamenti della famiglia e politiche sociali in Italia*, Bologna, Il Mulino, 2003.

[50] F. Bernardi e T. Poggio, *Home-ownership and social inequality in Italy*, in K. Kurz e H.P. Blossfeld (a cura di), *Home Ownership and Social Inequality in Comparative Perspective*, Stanford, Stanford University Press, 2004.

[51] Sul tema delle disuguaglianze si veda inoltre A. Schizzerotto (a cura di), *Vite ineguali. Disuguaglianze e corsi di vita nell'Italia contemporanea*, Bologna, Il Mulino, 2002.

[52] C. Saraceno, *Foto di giovani in famiglia*, in www.lavoce.info, 6 giugno 2005.

2. Le scelte difficili delle donne italiane

Uno dei fattori di maggior disequilibrio italiano nei rapporti di genere deriva dal fatto che conciliare famiglia e lavoro è più difficile e costoso che in altri paesi, non solo dopo la nascita dei figli, fase riconosciuta come la più critica, ma durante tutto l'arco della vita. La conseguenza è che, come vedremo, l'Italia soffre più degli altri paesi sviluppati sia per la bassa natalità che per la bassa occupazione femminile.

Le difficoltà di conciliare lo svolgimento di un lavoro retribuito, necessario per la gran parte delle famiglie e le responsabilità di cura – difficilmente delegabili in un contesto di accentuata carenza di servizi –, sono infatti presenti lungo tutto il corso della vita, pur in combinazioni e con criticità diverse. Le maggiori difficoltà sono attribuibili ad aspetti sia vecchi che nuovi del mercato del lavoro, della struttura dei servizi e dei rapporti all'interno della coppia.

Fino ad oggi le politiche di conciliazione sono state considerate solo in ottica femminile pressoché ignorando il versante maschile. Tuttavia, la visione della conciliazione andrebbe ripensata alla luce dei lenti ma importanti cambiamenti che stanno modificando la divisione dei ruoli nella famiglia.

I problemi e le strategie adottate per rendere maggiormente compatibili responsabilità familiari e lavoro retribuito differiscono profondamente fra uomini e donne. In recenti indagini comparate[1], riconosce di sperimentare difficoltà di conciliazione anche un numero rilevante di uomini, i quali però a differenza delle donne tendono a ridurre principalmente il loro tempo libero, e non il loro tempo lavorativo. Nonostante ciò, i dati europei dell'*Indagine sull'uso del tempo* dimostrano che le donne italiane sono quelle che hanno minor tempo libero sia in termini assoluti (rispetto cioè alle altre donne europee) che relativi (rispetto cioè agli uomini italiani, che godono di ben un'ora in più al giorno di tempo da dedicare a sé).

Sembra quindi cruciale che le politiche di conciliazione entrino in una nuova ottica, fornendo ad entrambi i generi gli strumenti e il sostegno necessari in tutte le fasi della vita[2]: l'età giovanile, in cui si devono fare scelte decisive che riguardano gli studi, il lavoro, la famiglia, e l'età adulta, in cui i problemi della conciliazione diventano più complessi includendo fra le altre quelle di lavoro retribuito e di fecondità, nonché la cura dei genitori anziani.

1. Pari opportunità nella scuola ma non nel lavoro

Nell'ambito formativo, molte differenze di genere si sono attenuate nelle nuove generazioni. I dati mostrano che in questo campo le donne italiane hanno ormai superato gli uomini non solo nei numeri, ma anche nel successo scolastico. Successo che non viene però «ricompensato» in modo coerente sul mercato del lavoro. Nonostante la percentuale di donne sul totale degli iscritti all'università sia raddoppiata negli ultimi cinquant'anni, la differenza di genere tra laureati in termini di occupazione e di retribuzioni è ancora ampia. Inoltre, più di un terzo delle giovani laureate con un'occupazione svolge un lavoro meno qualificato rispetto al titolo di studio posseduto[3].

Secondo le indagini condotte dal consorzio AlmaLaurea, una delle principali ragioni della persistente disparità occupazionale fra laureati e laureate risiede nella minore spendibilità dei titoli universitari conseguiti dalle donne. La crescita della partecipazione femminile agli studi universitari e la maggiore quota di laureate sono, infatti, ancora accompagnate da una sostanziale sottorappresentazione delle donne in alcune aree chiave, quali ad esempio il settore economico-statistico, ingegneria e, più in generale, il settore scientifico[4]. La diversità nelle scelte di studio dei due sessi è dovuta in parte al permanere di forti stereotipi di genere nella struttura dell'istruzione e nella famiglia e in parte al fatto che le donne si lasciano guidare in tali scelte più dalle proprie inclinazioni che dalle future opportunità professionali[5]. Mentre i ragazzi si orientano verso le facoltà che sono considerate più richieste sul mercato del lavoro e che quindi offrono maggiori opportunità di occupazione e di guadagno, le ragazze si orientano verso facoltà caratterizzate da ambiti di lavoro professionalmente meno definiti. Ne è prova il fatto che a un anno dal conseguimento del titolo, lavorano 64 laureati su 100 nell'area tecnico-scientifica e solo 48 su 100 negli altri gruppi, mentre a cinque anni dal conseguimento del titolo il dato è rispettivamente il 91 e l'83%. Dati rilevati a dieci anni dalla laurea nei gruppi di ingegneria, economico-statistico e scientifico mostrano, poi, una situazione di quasi piena occupazione.

La situazione non migliora se guardiamo le caratteristiche occupazionali e professionali delle laureate. Si nota, infatti, che nelle situazioni di lavoro più tradizionali (alta proporzione di contratti a tempo indeterminato, bassa proporzione di senza contratto o di contratti atipici) solo una quota minoritaria di laureate ha un lavoro stabile[6]. Anche l'avanzamento professionale sembra penalizzare le donne sotto vari aspetti. Già a un anno dal conseguimento del titolo, i laureati occupano posizioni di più alto livello rispetto alle loro colleghe: sono più rappresentati tra i liberi professionisti, i lavoratori in proprio e tra i dirigenti/direttivi. Le donne sono, invece, più numerose tra i collaboratori, gli insegnanti, gli impiegati esecutivi e i lavoratori senza contratto. Per quanto riguarda gli orari di lavoro, emerge ancora una volta una sostanziale differenza tra uomini e donne, che si traduce in 6 ore lavorate in più alla settimana per i maschi indipendentemente dal corso di laurea di provenienza.

Il ritratto che nel complesso si ottiene è quello di un forte squilibrio di genere e un grave spreco potenziale di risorse, soprattutto in termini di capitale umano femminile. E proprio i timori per un inefficiente utilizzo delle risorse sono alla base della decisione di inserire fra gli obiettivi strategici dell'Unione Europea l'aumento delle donne nei settori tecnico-scientifici di formazione e lavoro. La riduzione del differenziale occupazionale di genere in tali settori rappresenta non solo un obiettivo in sé, ma anche e soprattutto il tramite attraverso cui ampliare la capacità di ricerca e innovazione dell'Unione nel suo complesso. Secondo gli obiettivi della strategia di Lisbona, infatti, per avviarsi a diventare un'economia «basata sulle conoscenze» competitiva e dinamica è necessario superare quello che viene definito l'attuale *gender science imbalance* che caratterizza i mercati del lavoro italiano ed europeo.

Le giovani donne si confrontano dunque già all'inizio con un mercato del lavoro che privilegia componenti e modelli maschili, caratterizzato da una struttura di incentivi che premia in larga misura la disponibilità di tempo e spazio e una continuità lavorativa senza interruzioni di percorso. La disponibilità di tempo è un segnale importante per rendere tangibile il proprio impegno e per dar prova del proprio talento. Concezioni di questo tipo influiscono fortemente sull'organizzazione del lavoro, cosicché le attuali norme sociali e aziendali restano di fatto sfavorevoli alla leadership delle donne: i gruppi di management e le reti formali e informali che ad essi conducono sono di predominanza maschile; le donne sono troppo spesso percepite (o si autopercepiscono) come passive, timide e limitate da responsabilità di cura familiare o vengono considerate meno disponibili alla mobilità o al cambiamento. Come mostrano recenti analisi, anche nelle imprese ad alto contenuto tecnologico, sono i team di lavoro misti ad essere i più produttivi e dinamici[7]. Infatti le donne dimostrano una forte attitudine al *multi tasking*, che viene loro dall'abitudine a gestire lavoro e casa, esperienza che le aiuta a cercare una maggiore efficienza e ad utilizzare il metodo del *problem solving* per ottimizzare i tempi e la gestione del quotidiano[8].

Ma il tempo è un bene molto più prezioso per le donne che per gli uomini anche prima della nascita dei figli. Basti pensare che mentre le nubili dedicano ai lavori domestici più o meno lo stesso tempo dei celibi, circa il 18% della giornata, dopo che si è formata un'unione di coppia, il tempo di lavoro in casa cresce molto più per le donne che per gli uomini, diventando rispettivamente il 33 e il 24% della loro giornata. A questo aspetto si aggiunge anche il fatto che, nonostante le maggiori difficoltà sul mercato del lavoro, le donne continuano a uscire prima degli uomini dalla famiglia di origine e a formare prima un'unione. Lo scarto di età tra i coniugi, attorno ai tre anni, rimane del resto uno dei più ampi nell'Europa occidentale[9].

2. Meno donne al lavoro e per meno tempo

Nonostante la crescita degli investimenti in istruzione, il tasso di partecipazione femminile è il più basso d'Europa e il divario con il corrispondente valore maschile è tra i più ampi. La differenza si accentua ulteriormente nelle regioni del Sud (vedi cap. 3).

Solo il 46% delle donne in età lavorativa ha attualmente un'occupazione, a fronte di tassi occupazionali maschili intorno al 71%. Gli uomini dedicano più tempo a lavori remunerati, mentre le donne spendono una parte più consistente della loro giornata in attività non retribuite di produzione domestica: pulizia della casa, spesa, cura di bambini e familiari, ecc.

Il 77% del tempo dedicato al lavoro familiare è a carico femminile, a testimonianza di una persistente e significativa asimmetria di genere, anche se con qualche segnale di riequilibrio (nel periodo 1988-89 era l'85%). Secondo Rosina e Sabbadini quando la donna lavora la condivisione dei carichi di lavoro familiare è meno sbilanciata. Pur essendo i padri un po' più collaborativi rispetto al passato[10], i cambiamenti sono lenti e la divisione dei ruoli ancora molto rigida.

Le recenti ricerche sull'uso del tempo hanno mostrato che nel panorama internazionale uomini e donne dedicano più o meno lo stesso tempo al lavoro, remunerato o meno. L'Italia rappresenta un'eccezione[11]. Le donne italiane lavorano infatti ben più degli uomini. La differenza è in buona misura dovuta al maggior tempo che le italiane dedicano al «lavoro domestico» rispetto alle donne europee e americane.

I dati recenti mostrano che i maggiori cambiamenti nella divisione del lavoro tra i due generi sono avvenuti nell'ambito della cura dei figli, molto meno invece nell'ambito del lavoro domestico vero e proprio. Le donne che scelgono di lavorare

TAB. 2.1. SUDDIVISIONE DEL TEMPO GIORNALIERO, VALORI PERCENTUALI

	GERMANIA (2001-02)		OLANDA (2000)		STATI UNITI (2003)		ITALIA (2002-03)	
	M	F	M	F	M	F	M	F
Lavoro	18	9	18	9	22	14	20	9
Produzione domestica (pulizie, spesa, cura dei familiari, ecc.)	12	22	10	19	11	19	8	24
Tempo libero	24	22	28	27	24	23	31	25
Bisogni vitali (dormire, cibarsi, ecc.)	45	47	44	46	43	44	41	41
Totale (24 ore)	100	100	100	100	100	100	100	100

fonte: Elaborazioni Fondazione Rodolfo Debenedetti, www.lavoce.info.

devono accollarsi sia il lavoro esterno remunerato che quello domestico non remunerato. L'effetto finale è che le donne italiane lavorano, in media, un'ora e un quarto al giorno in più rispetto agli uomini.

Secondo una ricerca della Fondazione Debenedetti[12], utilizzando i dati sulla divisione dei tempi di lavoro in famiglia si può arrivare a una stima del valore del lavoro familiare e del contributo dato specificamente dalla componente maschile e femminile. Il valore da aggiungere al Pil totale che risulta dall'operazione è rilevante: circa 432 miliardi di euro, di cui 125 «prodotti» dagli uomini e 308 «prodotti» dalle donne. Si tratta di un valore pari al 33% del Pil italiano, in gran parte di realizzazione femminile[13].

La contabilità nazionale e le politiche sociali devono tenere conto di questa «produzione invisibile», in modo da valorizzare le attività di cura. Se si considera come produzione solo quella di mercato, si rischia di oscurare una parte importante del contributo delle donne all'economia e di trascurare le interazioni tra lavoro di mercato e attività di accudimento[14]. Nel momento in cui si discutono politiche sociali e misure per incentivare la partecipazione femminile al mercato del lavoro, è cruciale tenere presente quanta parte della produzione domestica ancora pesi sulle spalle delle donne e come valorizzare il loro costante lavoro di cura (cap. 4).

Un'importante peculiarità dell'occupazione femminile in Italia riguarda la permanenza sul mercato del lavoro. Utilizzando i dati dell'European Panel Household Survey si nota come nel nostro paese le proporzioni delle donne che lavorano sempre (durante gli anni considerati) e che non lavorano mai siano abbastanza simili: circa il 35% la prima e il 34% la seconda. In più questi due comportamenti estremi coprono oltre i due terzi della distribuzione. I movimenti tra i due stati sono molto rari e la direzione del cambiamento è quasi sempre dall'occupazione all'inoccupazione, con pochissimi rientri[15]. In Francia, paese per vari aspetti simile all'Italia, la proporzione delle donne che lavorano sempre è molto più ampia, circa il 46%, mentre quella delle donne che non lavorano mai è molto più bassa (18%). I movimenti dentro e fuori il mercato del lavoro sono assai più frequenti. Le donne italiane, rispetto alle francesi, hanno minori opportunità di mercato, minori servizi, meno opzioni per conciliare nel corso della vita l'entrata e l'uscita dall'occupazione.

A tutto ciò si lega un altro aspetto importante dell'occupazione femminile in Italia: il maggior numero di donne rispetto al resto d'Europa che escono dal mercato del lavoro alla nascita del primo figlio senza farvi successivamente rientro. Secondo l'Istat (2005), solo il 30% delle donne italiane riprende a lavorare dopo avere avuto un figlio. Lo conferma anche un recente lavoro della Banca d'Italia[16] che, utilizzando i dati Istat sulle nascite, studia le decisioni di occupazione delle donne nei due anni immediatamente successivi alla nascita. Lo studio registra una probabilità di non lavorare 18-21 mesi dopo la nascita del figlio di quasi il 50%. Tale probabilità è influenzata in maniera significativa dall'età della madre: quelle di età più avanzata rientrano più frequentemente al lavoro, mentre quelle sotto i 25 anni sperimentano grandi difficoltà. Per le donne non occupate la probabilità di entrare nel mercato del lavoro dopo la nascita del figlio è praticamente nulla. Inoltre, mentre per le impiegate nel settore pubblico si osserva una grande facilità di rientro al lavoro, per le impiegate nel settore dei servizi e soprattutto per quelle con contratti a termine, la probabilità si riduce notevolmente. Un lavoro nel settore pubblico offre maggiore sicurezza, maggiore flessibilità e le condizioni per una conciliazione meno difficile.

Un'influenza rilevante sulla decisione di riprendere o meno a lavorare è esercitata dal *network* familiare: la presenza dei genitori in casa accresce la probabilità della donna di essere occupata di ben 25 punti, nonostante il fatto che in alcuni casi possa comportare la necessità di un'attività di cura aggiuntiva; l'aumento della probabilità di ritornare al lavoro risulta dalla differenza tra gli effetti derivanti rispettivamente dall'aiuto ricevuto nella cura dei figli e da quello richiesto nella cura dei genitori anziani. Cruciale è, infine, il ruolo giocato dalla disponibilità dei servizi per l'infanzia: nelle regioni ove l'utilizzo degli asili nido è superiore al 12% la probabilità per le neomadri di tornare al lavoro raddoppia.

Mentre negli altri paesi europei l'occupazione femminile aumenta al crescere dell'età dei figli, in Italia continua a diminuire. In tutti i paesi europei, infatti, il tasso di occupazione delle neomadri ha un andamento a U, con una rapida discesa nei tre anni immediatamente successivi all'evento e un successivo graduale ritorno al lavoro. Solo in Italia il tasso di occupazione delle donne continua a ridursi costantemente, sprecando i loro precedenti investimenti in capitale umano.

Eppure il lavoro delle donne è fondamentale per difendere le famiglie e i figli dal rischio di povertà. Uno studio[17] che analizza le situazioni di povertà reddituale delle famiglie europee mostra come quelle monoreddito con figli minorenni appartengano alla tipologia familiare maggiormente investita da problemi di vulnerabilità. Il loro reddito medio pro capite (reso equivalente attraverso l'uso di opportune scale) è inferiore del 30% a quello delle famiglie a doppio reddito. Favorire l'occupazione femminile ha ricadute positive sia sulla formazione delle coppie, che considerano il doppio stipendio una risposta all'instabilità del mercato del lavoro, sia come protezione dal rischio di povertà delle famiglie. Avere un impiego retribuito è, inoltre, considerato dalle donne sempre più una necessità, di fronte alla crescente instabilità delle unioni coniugali.

Infine, l'occupazione femminile va incontro ai desideri delle donne stesse. I dati delle indagini Istat sulle famiglie ci dicono che, tra le donne occupate in età 35-45 anni, meno del 20% concorda con l'affermazione che essere casalinga consente alla donna di realizzarsi quanto un lavoro retribuito. E tra le casalinghe stesse non si supera il 30%. Ciò significa che la grande maggioranza delle casalinghe ritiene che la propria condizione corrisponda a una rinuncia personale in termini di opportunità di realizzazione; l'ideale sarebbe riuscire a conciliare il ruolo di madre con l'impiego extradomestico. A conferma di ciò, due casalinghe su tre di età 35-45 anni dichiarano di desiderare un lavoro retribuito.

In sintesi favorire l'occupazione femminile consentirebbe di rispondere alle esigenze delle donne e valorizzare una risorsa importante per lo sviluppo economico del paese, spesso più qualificata di quella maschile, nonché di fornire un efficace mezzo di contrasto alla povertà delle famiglie rispondendo quindi sia ad obiettivi di equità ed uguaglianza di opportunità sia di efficienza economica.

3. Dietro un'apparente uguaglianza salariale: l'importanza del titolo di studio

La disparità retributiva è un aspetto importante che richiede una valutazione attenta e approfondita. Il confronto internazionale mostra che in Italia e nel Sud Europa i differenziali salariali sono molto inferiori agli Stati Uniti e al Regno Unito e sono simili ai paesi del Nord Europa. Mentre, infatti, negli Usa e nel Regno Unito le donne in media guadagnano il 25-30% in meno degli uomini, questa percentuale scende al 10-20% in diversi paesi del Nord Europa e al 10% in Italia e negli altri paesi dell'area meridionale del continente. Ma la maggior uguaglianza salariale è reale? Siamo davvero tra i paesi più paritari d'Europa?

In primo luogo, notiamo che nei paesi dove i differenziali salariali sono elevati, i differenziali nei tassi di occupazione sono fra i più bassi, circa 10 punti percentuali, mentre nei paesi dove le differenze salariali sono ridotte, si osservano differenziali nei tassi di occupazione fra uomini e donne elevatissimi, fino a raggiungere in certi casi i 40 punti percentuali.

Uno studio recente di Olivetti e Petrongolo sottolinea come questa evidenza empirica sia potenzialmente riconducibile a fenomeni di selezione nella forza lavoro[18]. In particolare, se le donne occupate hanno in media caratteristiche che portano a maggiori tassi di rendimento sul mercato del lavoro, ad esempio livelli di istruzione più elevati, paesi con bassi tassi di occupazione femminile finiscono per avere differenziali salariali minori, semplicemente perché le donne con bassi salari potenziali non lavorano. Una delle ragioni della differenza tra l'Italia e il resto d'Europa sta proprio nella diversa composizione della sua forza lavoro. L'Italia è il paese europeo con la più bassa percentuale di donne con istruzione primaria occupate ed è al terzultimo posto, prima solo di Grecia e Spagna, per occupazione delle donne con istruzione secondaria e universitaria. Correggendo per il problema di selezione nella forza lavoro, il differenziale salariale tra uomini e donne sale fino al 25-30% in Italia e negli altri paesi del Sud Europa. Ovvero, la correzione elimina l'apparente vantaggio in termini di pari opportunità salariali delle donne italiane e del Sud Europa.

Il grado di istruzione è un fattore molto importante. In Italia le donne più istruite hanno maggiori probabilità di iniziare una carriera lavorativa e di restare sul mercato. I risultati di varie ricerche mostrano che sia nelle coorti giovani che in quelle meno giovani sono soprattutto le donne con un diploma o

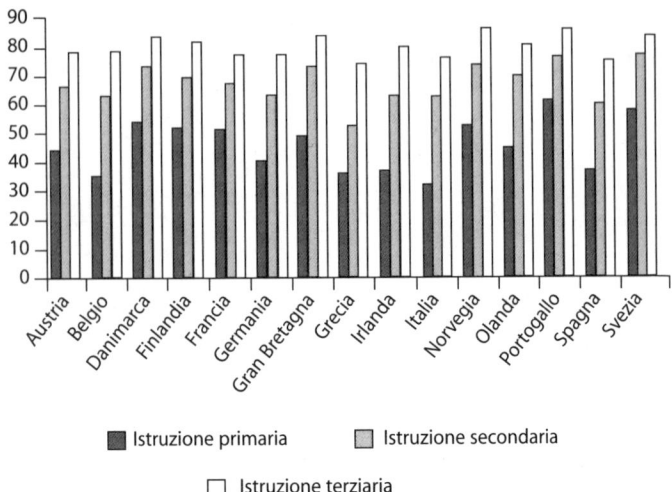

FIG. 2.1. Occupazione femminile per grado di istruzione (donne di 25-64 anni nel 2004).

fonte: Istat 2007.

una laurea che si integrano nel mercato del lavoro e lo scarto con le donne poco istruite è molto alto[19].

Le donne con un titolo di studio più elevato tendono anche a conciliare meglio lavoro e famiglia: sono in grado di mobilitare più risorse, beni e servizi di mercato e tempo dei familiari, inclusi i partner che collaborano di più nelle coppie più istruite e di utilizzarle in maniera più efficiente e razionale. Dedicano meno tempo al lavoro domestico e più ai figli, contribuendo in questo modo a ridurre gli effetti negativi sui bambini piccoli dovuti all'assenza di ambedue i genitori[20].

Uno studio sui dati del panel europeo Eurostat (Echp), che confronta il comportamento lavorativo delle mamme istruite e non, mostra che in Italia le donne con elevata istruzione rientrano nel mercato del lavoro a pochi mesi dalla nascita del figlio, mentre quelle con bassa e media istruzione spesso non rientrano affatto. A 50 mesi dalla nascita del bambino, infatti, il 60% delle donne con bassi livelli di istruzione è ancora fuori dal mercato del lavoro[21].

Le scelte di lavoro delle donne più istruite sono meno sensibili alle variazioni del contesto socioeconomico circostante. Un confronto con la Francia mostra che se le donne italiane si trovassero nel più flessibile mercato del lavoro e nel più generoso sistema dei servizi francese aumenterebbero la loro partecipazione e la loro fecondità[22]. Separando i diversi livelli di istruzione, si vede come l'aumento di partecipazione delle donne più istruite sia pari a meno di un terzo di quello delle meno istruite. L'offerta di lavoro di queste donne è, quindi, più rigida e molto più simile all'offerta di lavoro maschile (vedi cap. 4).

L'aumento della partecipazione femminile ha fatto emergere una doppia polarizzazione tra donne con elevati livelli di istruzione e donne con bassi livelli di istruzione, e tra donne che vivono nel Centro-Nord e donne che vivono al Sud. La polarizzazione si riproduce anche nei comportamenti familiari, o meglio, riproduttivi. I risultati di un recente studio condotto sui dati Istat dell'indagine «Famiglia e soggetti sociali»[23] hanno evidenziato, ad esempio, come le donne lavoratrici con qualifiche alte tendano più facilmente a non avere figli, e nello stesso tempo come il possesso di un titolo di studio elevato consenta una maggiore capacità di conciliare famiglia e figli con la continuità lavorativa. Le laureate sembrano così essere le uniche a poter in qualche modo scegliere se rinunciare alla famiglia o conciliare i due ruoli. Possedere una laurea si rivela un fattore protettivo rispetto all'impatto dei figli sulla discontinuità lavorativa; l'occupazione risulta invece particolarmente vulnerabile a tali eventi per tutte le altre donne.

Sempre lo stesso studio ha confermato l'utilità di considerare non solo le circostanze familiari (stato civile, presenza e numero dei figli), ma anche le caratteristiche del partner per comprendere i modelli di partecipazione femminile. In particolare, fornisce una possibile spiegazione dell'impatto apparentemente contraddittorio della (elevata) istruzione del marito: ha un effetto disincentivante quando è più alta di quella della moglie, perché accentua vantaggi e svantaggi competitivi legati al genere in una società ove la partecipazione al mercato del lavoro delle donne non è ancora pienamente un modello di normalità ed è sostenuta solo molto parzialmente dal sistema di welfare, mentre non ha effetto quando i due livelli si equivalgono. La continuità lavorativa di una donna laureata, quindi, non migliora se sposa un uomo laureato anziché uno con livello di istruzione intermedio, mentre per una donna sposata con un laureato, la continuità peggiora notevolmente se essa ha un titolo di studio più basso. In altre parole, un titolo di studio alto del marito non *incentiva* la continuità lavorativa, ma un titolo alto della moglie *protegge* dalla discontinuità lavorativa.

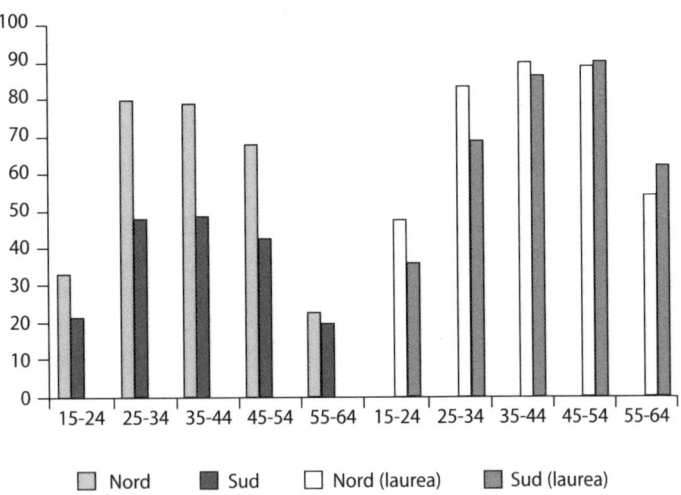

FIG. 2.2. Tassi di occupazione per età distintamente per Nord e Sud Italia. Donne in generale e laureate (anno 2007).

fonte: Istat.

Il titolo di studio compensa inoltre in modo rilevante lo squilibrio territoriale dell'occupazione femminile. Il confronto del profilo per età evidenzia un divario molto ampio tra Nord e Sud se si considerano tutte le donne, con una convergenza dopo i 55 anni. Se però si confrontano solo le donne laureate si vede che lo svantaggio si riduce notevolmente e sconta soprattutto le difficoltà generali dei giovani meridionali di accesso al lavoro (vedi cap. 3).

Il Rapporto annuale 2008 dell'Istat ha documentato approfonditamente come nelle regioni del Sud, accanto ai disoccupati, vi sia un numero molto elevato di persone che possono essere considerate forze lavoro potenziali, che non hanno fatto azioni di ricerca attiva nelle ultime quattro settimane, ma sono disponibili a lavorare. Tra le donne del Sud questo segmento è maggiore di quello delle disoccupate (vedi cap. 3).

4. Le difficoltà di conciliazione

Le fasi più critiche della conciliazione lavoro-famiglia emergono alla nascita dei figli. Rispetto al resto d'Europa, il contesto italiano è caratterizzato da minori opportunità di lavoro part-time, da maggiore rigidità negli orari di lavoro e da un numero molto più scarso di asili nido. La copertura per i bambini fino al terzo compleanno è pari appena all'11,3%[24], mentre i congedi parentali sono i meno pagati (30% contro il 42% in Francia, il 66% in Svezia, il 50% in Danimarca) e tendono a favorire la responsabilità delle madri più che dei padri[25].

A differenza di quanto avviene a nord delle Alpi, in Italia, e più in generale nell'Europa mediterranea, gli aiuti e la protezione sociale verso i singoli vengono tradizionalmente forniti molto meno dallo stato e molto più dalla solidarietà familiare e parentale. E tradizionalmente è la donna l'asse portante della rete di aiuti informali, cruciale in un sistema di welfare come quello italiano dove fondamentalmente si assume che le donne sposate facciano le casalinghe. Gli impegni familiari e di cura più consistenti e vincolanti comprimono le possibilità femminili di partecipazione al mercato del lavoro. Ciò spiega anche perché le donne italiane sono quelle che in Europa lavorano complessivamente di più, pur essendo meno presenti nel mercato del lavoro (tab. 2.1).

Ma esistono anche fattori culturali importanti che interagiscono strettamente con le caratteristiche del sistema di welfare, penalizzando ulteriormente le possibilità di conciliazione. Come testimoniato da varie indagini, come ad esempio la *World Values Survey*, in Italia è tradizionalmente più radicata l'idea che la donna debba occuparsi prima di tutto (se possibile esclusivamente) della famiglia e dei figli. Rispetto agli altri paesi è più recente l'accettazione sociale del fatto che una donna con figli piccoli possa desiderare di continuare a lavorare. Complica infine il quadro anche la più bassa propensione maschile e paterna verso una equa suddivisione dei compiti domestici e degli impegni familiari. Dal punto di vista culturale, ciò spiega anche il forte senso di responsabilizzazione femminile verso il *care giving* e gli elevati standard di cura richiesti[26].

L'importanza della solidarietà familiare e intergenerazionale, valore aggiunto del modello mediterraneo, rischia quindi di diventare, in carenza di adeguate politiche, un carico eccessivo e penalizzante, con conseguenze negative a livello individuale e sociale. Si rivela, infatti, un sistema che nel complesso comprime le scelte di fecondità, perché più alto risulta il costo opportunità dei figli, e che riduce l'occupazione, sia perché la domanda di lavoro domestico e di cura pesa su un lungo tratto del corso di vita delle donne, sia perché continuare a svolgere tale lavoro all'interno della famiglia inibisce lo sviluppo di un pezzo importante del settore terziario. Maurizio

Ferrera fa notare nel suo recente saggio *Il fattore D*[27] che le dinamiche di esternalizzazione sono importanti dal punto di vista economico. La famiglia in cui lavorano entrambi i membri della coppia è una grande consumatrice potenziale di servizi e questo «agisce come una sorta di volano di attività economiche e di posti di lavoro. Quindi la valorizzazione del ruolo economico delle donne è come il lievito: espande il volume della torta senza bisogno di altri ingredienti».

Questi fenomeni sono significativi dal punto di vista sia demografico che economico. La combinazione tra basso numero di occupati e declino della popolazione attiva tende ad avere un impatto negativo sullo sviluppo economico e sulla sostenibilità del sistema pensionistico. L'aumento dell'occupazione femminile è quindi cruciale, tanto più per il caso italiano. Secondo alcune stime della Banca d'Italia, portando l'occupazione delle donne italiane ai livelli di quella maschile si otterrebbe un aumento del Pil pari al 17%.

5. Il rapporto tra fecondità e occupazione

L'occupazione femminile italiana è da qualche anno quasi ferma, attorno al 46%; di recente anche Spagna e Grecia ci hanno sorpassato. Il tasso di fecondità è poco sopra un figlio e un terzo: nonostante la recente ripresa, grazie anche al contributo degli immigrati, rimane uno dei più bassi nel mondo occidentale.

La proporzione delle famiglie con due figli o più resta inferiore in Italia rispetto ad altri paesi europei, come Francia, Svezia, Danimarca. Tra i risultati più importanti dell'indagine Istat[28] condotta nel 2005 su un campione di madri intervistate a 18-21 mesi dalla nascita di un bambino, emerge la difficoltà delle donne ad avere un secondo figlio. «La nascita del primo figlio è un evento che è stato interessato solo parzialmente dalla crisi della fecondità: le donne italiane mostrano un'elevata propensione a diventare madri, anche se di un solo figlio». Rispetto al 2002, data della precedente rilevazione, si osserva un aumento del numero delle madri con un figlio solo, che indicano fra i motivi prevalenti per non averne altri il costo dei figli e le difficoltà di conciliare lavoro e famiglia. Se dopo l'arrivo del primo figlio la donna non è riuscita a conciliare adeguatamente impegni familiari e lavorativi, difficilmente è propensa ad averne un secondo[29]. In particolare, gli aspetti più critici risultano essere le rigidità dell'orario lavorativo e la scarsa collaborazione del padre. Un contributo del padre al lavoro domestico e alla cura dei figli, laddove vi sia, influenza positivamente la fecondità[30].

Ma sono davvero così cambiate le preferenze delle famiglie italiane, tradizionalmente «numerose»? Se confrontiamo i dati sulla fecondità realizzata con il numero medio di figli «desiderati», notiamo forti discrepanze: per la maggior parte delle madri intervistate (61,2%) il numero dei figli ideale è due, per un quarto circa è tre o più, e solo per una minoranza (12%) è uno. Un confronto con la Francia, che ha il tasso di fecondità più elevato d'Europa, mostra che il numero desiderato di figli risulta solo lievemente più alto in tale paese: in media 2,09 contro 2,02 in Italia. Un dato complessivo, quest'ultimo, frutto del 2,2 nel Sud e dell'1,9 nel Centro-Nord. La più bassa fecondità delle donne italiane rispetto alle francesi esprime la reazione a un contesto meno favorevole in termini di servizi per l'infanzia e di trasferimenti alle famiglie con figli.

Nel quadro dei paesi sviluppati i livelli di fecondità risultano essere più elevati nei contesti dove maggiore è l'occupazione femminile[31]. I dati Istat più aggiornati confermano come anche per il nostro paese la geografia della fecondità stia profondamente cambiando e sempre più si sovrapponga a quella della partecipazione femminile.

Se mettiamo in relazione, a livello regionale, la crescita del tasso di fecondità totale, dal minimo storico del 1995 a oggi, con la partecipazione delle donne al mercato del lavoro, si ottiene una relazione fortemente positiva (fig. 2.3), che vale anche se si tolgono le nascite straniere (fig. 2.4).

Nelle regioni del Nord si osservano una fecondità in crescita e un tasso di occupazione femminile sopra la media, mentre nella maggior parte delle regioni del Sud si rilevano una fecondità in calo e tassi di occupazione sotto la media.

Questi risultati suggeriscono che nascite e lavoro possono crescere assieme in presenza di adeguati strumenti di conciliazione. Cruciali sono in particolare gli asili nido. Come abbiamo già detto, in Italia la copertura (fino al terzo compleanno) supera di poco l'11%, un terzo rispetto all'obiettivo fissato dall'Agenda di Lisbona per il 2010, ma è del 20-30% in alcune regioni del Nord. La situazione del Meridione è particolar-

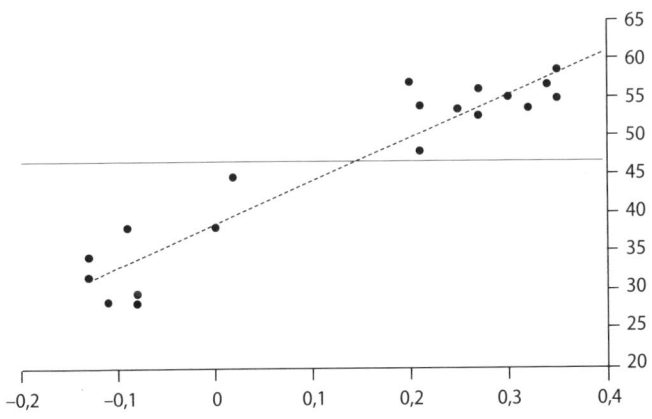

FIG. 2.3. Relazione tra variazione del tasso di fecondità totale dal 1995 al 2006 e tasso di occupazione femminile (anno 2006). Regioni italiane.

fonte: Elaborazione da dati Istat.

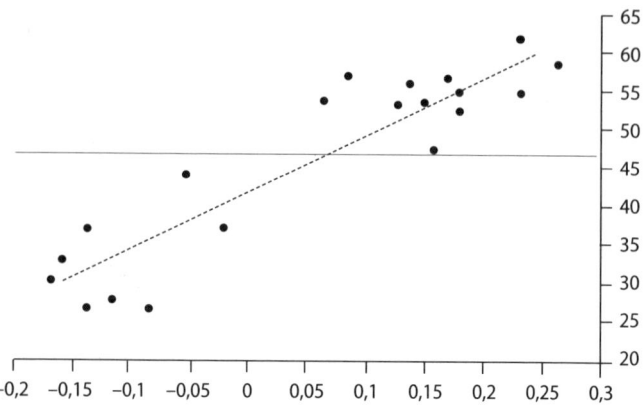

FIG. 2.4. Relazione tra variazione del tasso di fecondità totale dal 1995 al 2006 (escluse nascite straniere) e tasso di occupazione femminile (anno 2006). Regioni italiane.

fonte: Elaborazione da dati Istat.

mente problematica: in molte regioni del Sud la copertura di asili nido non arriva al 5% a fronte spesso di lunghe liste di attesa. E non a caso il Mezzogiorno risulta attualmente non solo una delle aree dell'Europa occidentale con più bassa occupazione femminile (poco superiore al 30%), ma anche meno prolifiche (1,30 figli per donna).

La bassa fecondità è il risultato anche di primi figli nati da madri in età più avanzata rispetto al passato. A cui si associa anche un altro fenomeno: la crescita del numero di famiglie senza figli. Secondo i dati di Sardon[32], la generazione di donne dal dopoguerra in poi le donne hanno cominciato a ritardare sempre più la nascita del primogenito. Questo ritardo è stato tanto più evidente nei paesi dove le possibilità di conciliazione tra lavoro e famiglia sono più complicate.

6. La cura dei genitori anziani

Tra le implicazioni economiche negative dell'invecchiamento della popolazione, messe ripetutamente in luce da vari organismi internazionali ed enti di ricerca c'è, da un lato, l'aumento della spesa pubblica, pensionistica e sanitaria per gli anziani e, dall'altro, la diminuzione del prodotto interno lordo per la riduzione della popolazione in età lavorativa. La crescita del rapporto tra spesa sociale e Pil, che rischia di mettere a dura prova le finanze pubbliche e il sistema di welfare, e quindi, alla fine, il benessere individuale, dipende direttamente dal rapporto anziani inattivi su occupati. E l'Italia è il solo paese in Europa nel quale ha già raggiunto il valore di uno a due. Una delle nostre maggiori fragilità è il fatto che oltre a un invecchiamento più accentuato, presentiamo anche livelli di occupazione più bassi e una spesa per protezione sociale già tra le più sbilanciate verso le generazioni più anziane.

Negli ultimi anni il dibattito in Italia si è concentrato soprattutto sul contenimento della spesa pensionistica. Uno degli elementi chiave del problema è che l'occupazione femminile continua a essere tra le più basse del mondo industrializzato. Questo costituisce uno dei nodi cruciali della difficoltà del sistema Italia a rispondere adeguatamente alla sfida dell'invecchiamento. La crescita della partecipazione femminile al mercato del lavoro, che tutti invocano, deve fare i conti con le particolarità del nostro sistema di welfare.

Alcune ricerche europee segnalano che i lavoratori nelle età centrali e mature con responsabilità di cura verso anziani fragili sono in aumento quasi ovunque, con un impatto significativo sulle possibilità di lavorare delle donne[33]. Le esigenze della popolazione anziana fragile hanno spesso trovato una risposta nelle capacità di cura e di adattamento della rete familiare, costituita principalmente su base verticale e per linea femminile[34].

Il sistema di welfare italiano è tra quelli che più delegano l'assistenza degli anziani non autosufficienti alla famiglia. Una delle sue caratteristiche storiche è infatti la notevole percentuale di anziani conviventi con i figli ormai in età adulta. Complessivamente, il 30% della popolazione over 65 vive con un figlio adulto (Istat, *Censimento generale della popolazione*, 2001). Una quota ben superiore a quella media dell'Europa dei 15, dove la percentuale di anziani over 65 conviventi con i figli è pari circa al 20%: in Francia, in Gran Bretagna e in Germania è intorno al 10-12%, in Spagna si arriva al 35%. Un secondo indicatore della forza storica dei legami intergenerazionali è dato dalla prossimità territoriale che sussiste tra genitori anziani e figli, nonché dall'intensità dei contatti intergenerazionali.

L'indagine Galca (*Gender Analyses and Long Term Care Assistance*), realizzata nell'ambito di un progetto promosso dalla Commissione europea e coordinato dalla Fondazione Giacomo Brodolini, ha confrontato Italia, Danimarca e Irlanda[35], analizzando costi, strutture e responsabilità familiari. Nei primi due paesi, più del 90% degli anziani viene assistito a domicilio o in appartamenti attrezzati, mentre l'Irlanda registra una quota di assistiti in «istituti» – case di riposo o residenze sanitarie – superiore al 20%. Quando l'assistenza è a domicilio, però, è quasi esclusivamente un familiare, prevalentemente donna, che si fa carico degli anziani in Italia, mentre in Danimarca è il servizio pubblico.

Questi dati mostrano che nel nostro paese l'83% di accudimento è affidato a «parenti e amici»: quasi l'intero peso dell'assistenza alla popolazione che invecchia cade sulla famiglia. Ossia sulle donne, e in particolare, sulla generazione delle figlie adulte. Le quali a loro volta si avvalgono sempre più dei servizi delle immigrate. In Italia troviamo infatti il maggior numero di lavoratori stranieri impegnati in quelli che statisticamente vengono chiamati «servizi alle famiglie»: il 10,8% del totale, contro l'1,2% del Regno Unito e l'1,9% degli Stati Uniti.

Secondo Bettio la scelta di ricorrere ai servizi delle immigrate non risponde solo a esigenze di assistenza, ma ha garantito anche la continuità di un modello a lungo termine basato sulla famiglia. L'impiego della badante ha attenuato il conflitto fra lavoro e cura nel nostro paese (anche se ha lasciato le donne con la maggiore responsabilità dell'organizzazione e del monitoraggio dell'assistenza della badante). Il ricorso ad aiuti esterni alla famiglia sale se chi ha la responsabilità della cura lavora, e ciò contribuisce a spiegare perché la percentuale di chi ha dovuto lasciare il lavoro o ridurre l'orario per occuparsi dell'anziano sia molto contenuta.

Questa tipologia di welfare basato su un mix di emerso e sommerso, di lavoro gratuito familiare e di lavoro sottopagato di forza lavoro immigrata (circa 900 euro mensili) ha costi minori di altri sistemi. Nel medio termine tuttavia presenta debolezze e problemi di sostenibilità di varia natura.

7. Uguali solo alla fine della carriera lavorativa?

Le nostre analisi del lavoro di cura delle donne nelle varie fasi del ciclo di vita ci fanno riflettere sul recente dibattito sull'equiparazione dell'età alla pensione di uomini e donne. A seguito della sentenza della Corte di giustizia europea del 13 novembre 2008 si discute circa la necessità di modificare la legge sulle regole di pensionamento relative al pubblico impiego, innalzando l'età pensionabile delle lavoratrici pubbliche a 65 anni ed equiparandola a quella degli uomini.

La Corte europea chiede di equiparare l'età pensionabile di uomini e donne in nome della parità di trattamento tra i sessi nella vita professionale. Un'età pensionabile più bassa penalizza le donne date le loro carriere mediamente più brevi e meno remunerate rispetto agli uomini.

Inoltre una compensazione *ex post* per gli svantaggi che le donne devono fronteggiare durante le loro carriere, che consiste nella possibilità di uscire prima dal mondo del lavoro, appare agli occhi di molti una conferma e un'accettazione delle differenze tra uomini e donne. In particolare la differenza più marcata tra uomini e donne è nella partecipazione al lavoro, e un trattamento pensionistico di favore non incentiva le donne a partecipare alle attività produttive.

La sentenza della Corte europea e il supporto a favore vedono questa equiparazione delle età alla pensione di donne e uomini come un modo per consentire alle donne di recuperare almeno in parte il divario contributivo con i coetanei maschi. Ma è sensato ed equo intervenire sullo squilibrio di genere e sulle disparità alla fine della carriera lavorativa e solo allora?

Da un lato, come abbiamo visto nelle pagine precedenti, in media le donne italiane lavorano più degli uomini (calcolando sia il lavoro fuori casa che quello familiare), quindi occorrerebbe prendere atto che quelle di loro che si fanno carico di responsabilità familiari hanno in effetti una vita lavorativa complessivamente più lunga e pesante di quella degli uomini[36].

Se è cruciale, come abbiamo discusso nelle pagine di questo volume, intervenire per ridurre il divario di guadagno e di contributo tra donne e uomini, occorre incidere sulle discriminazioni di genere ancora fortissime che esistono nel mercato del lavoro. Queste discriminazioni si manifestano già all'accesso al mercato, poi nelle possibilità di permanenza, nelle tipologie di lavoro e contratto, nella struttura retributiva e infine nelle possibilità di carriera. Allo stesso tempo vanno rafforzate le politiche di conciliazione e di condivisione della cura dei figli e degli anziani sviluppando politiche che coprano le varie fasi del ciclo vitale di cui abbiamo discusso nelle pagine precedenti.

È certo auspicabile una riforma del sistema pensionistico che sia più equa e adegui l'età pensionabile alle aspettative di una vita più lunga. Una riforma in tale direzione è senz'altro necessaria, ma la riforma dovrebbe innalzare l'età pensionabile sia degli uomini sia delle donne e lasciare alle donne la facoltà di un pensionamento anticipato, proprio in ragione del fatto che esse svolgono una quantità di lavoro superiore a quella degli uomini[37]. Sarebbe in generale auspicabile consentire forme di flessibilità di uscita per entrambi i generi al fine di permettere a ciascuno di scegliere la combinazione di tempo di lavoro e pensione più adatta alle proprie esigenze personali e familiari.

note

[1] C. Saraceno, M. Olagnero e P. Torrioni, *First European Quality of Life Survey. Families, Work and Social Networks*, Luxembourg, European Foundation for Improving Working and Living Conditions, 2005.

[2] P. Donati e R. Prandini (a cura di), *La cura della famiglia e il mondo del lavoro. Un piano di politiche familiari*, Milano, Angeli, 2008.

[3] L.L. Sabbadini, *Come cambia la vita delle donne*, Roma, Ministero per le Pari opportunità-Istat, 2004.

[4] In termini di successo scolastico, le donne si collocano tra le fasce più alte dei voti di laurea, anche nei settori dove sono sottorappresentate.

[5] Da un'analisi dell'Osservatorio sulla condizione studentesca dell'Università Milano-Bicocca emerge come tra i ragazzi «non importa tanto l'ambito professionale ma la spendibilità sul mercato del lavoro delle credenziali educative, mentre per le ragazze la motivazione è di poter svolgere nella vita quella particolare professione» (D. Del Boca, *Differenziale di genere e condizione lavorativa*, in A. Cammelli, *IX Rapporto AlmaLaurea*, Bologna, Il Mulino, 2007).

[6] *Ibidem*.

[7] L. Turner, *Gender diversity*, in *Women in Science and Technology: The Business Perspective*, Brussels, European Commission, 2006.

[8] M.C. Bombelli e S. Cuomo (a cura di), *Il tempo al femminile. L'organizzazione temporale tra esigenze produttive e bisogni personali*, Milano, Etas, 2003.

[9] R. Fraboni, *Sposarsi*, in A. Rosina e L.L. Sabbadini (a cura di), *Diventare padri in Italia. La fecondità secondo un approccio di genere*, Roma, www.istat.it/dati/catalogo/20051020, 2005.

[10] A. Rosina e L.L. Sabbadini, *Uomini e padri*, in F. Bimbi e R. Trifiletti (a cura di), *Madri sole e nuove famiglie. Declinazioni inattese della genitorialità*, Roma, Edizioni Lavoro, 2006.

[11] T. Boeri, M.C. Burda e F. Kramarz (a cura di), *Working Hours and Job Sharing in Eu and Usa. Are Europeans Lazy? Or Americans Crazy?*, Oxford, Oxford University Press, 2008.

[12] *Ibidem*.

[13] P. Monti, *Disuguaglianza di tempo*, in «La voce.info», 2007.

[14] N. Folbre, *The Invisible Heart*, New York, New Press, 2001.

[15] D. Del Boca e R. Sauer, *Life cycle employment and fertility*, in «European Economic Review», 3, 2009.

[16] P. Casadio, M. Lo Conte e A. Neri, *Balancing Work and Family in Italy: New Mothers' Employment Decisions after Childbirth*, Banca d'Italia, Working Paper (Temi di Discussione) n. 684, 2008.

[17] A. Brandolini e C. Saraceno, *Povertà e benessere*, Bologna, Il Mulino, 2007.

[18] C. Olivetti e B. Petrongolo, *Unequal pay or unequal employment? A cross-country analysis of gender gaps*, in «Journal of Labor Economic», 2, 2008, pp. 621-654.

[19] M. Bratti, *Labour force participation and marital fertility of Italian women: The role of education*, in «Journal of Population Economics», 16, 2003, pp. 525-554; D. Del Boca e R. Sauer, *Life cycle employment and fertility*, in «European Economic Review», 3, 2009; E. Reyneri, *Il lavoro delle donne*, in *Il lavoro che cambia*, Commissione di indagine sul lavoro, a cura di P. Carniti, Roma, Cnel, 2008.

[20] D. Del Boca e C. Saraceno, *Le donne in Italia tra famiglia e lavoro*, in «Economia & Lavoro», 1, 2005, pp. 125-139.

[21] C. Pronzato, *Donne in Europa tra lavoro e famiglia*, in «Economia e Lavoro», XL, 2006.

[22] Del Boca e Sauer, *Life cycle employment and fertility*, cit.

[23] A. Rosina e C. Saraceno, *Interferenze asimmetriche. Uno studio della discontinuità lavorativa femminile*, in «Economia & Lavoro», 2, 2008.

[24] Istat, *Indagine sugli interventi e i servizi sociali dei comuni*, dato riferito al 2004.

[25] T. Boeri, D. Del Boca e C. Pissarides, *Women at Work. An Economic Perspective*, Oxford, Oxford University Press, 2005.

[26] G. Dalla Zuanna e G. Micheli (a cura di), *Strong Family and Low Fertility: A Paradox?*, Dordrecht, Kluwer Academic Press, 2004; G. Esping Andersen, *When fertility is bargained. Second births in Denmark and Spain*

(con S. Brodman e M. Guell), in «European Sociological Review», 23, 5, 2007.

[27] M. Ferrera, *Il fattore D*, Milano, Mondadori, 2008, p. 25.

[28] Istat, *Essere madri in Italia*, Roma, 2005.

[29] L. Mencarini e M.L. Tanturri, *Time use, family role-set and childbearing among Italian working women*, in «Genus», numero speciale su *Low fertility in Italy*, XL, 1, 2007; A. Rosina e M.R. Testa, *Fertility Intentions of the Italian Couples: Which Kind of Agreement?*, Paper presented at the 2007 Annual Meeting, Population Association of America, New York, 2007.

[30] P. McDonald, *Gender equity, social institutions and the future of fertility*, in «Journal of Population Research», 17, 1, 2000, pp. 1-16; P. McDonald, *Gender equity in theories of fertility transition*, in «Population and Development Review», 26, 3, 2000, pp. 427-439.

[31] D. Del Boca e S. Pasqua, *Labour supply and fertility*, in T. Boeri, D. Del Boca e Ch. Pissanides, *Women at Work. An Economic Perspective*, Oxford, Oxford University Press, 2005; McDonald, *Gender equity*, cit.

[32] J.P. Sardon, *Evolution démographique recente des pays developpés*, in «Population-F», 61, 3, 2006.

[33] F. Bettio, P. Villa e A. Simonazzi, *Change in care regimes and female migration*, in «Journal of European Social Policy», 16, 3, 2006; F. Bettio, P. Villa e A. Simonazzi, *Welfare mediterraneo per la cura degli anziani e immigrazione*, in A. Simonazzi (a cura di), *Questioni di genere, questioni di politica*, Roma, Carocci, 2006.

[34] G.A. Micheli e A. Rosina, *Il lavoro femminile tra due fuochi*, in «Rivista Internazionale di Scienze Sociali», ottobre-dicembre 2006.

[35] Fondazione Brodolini, *GALCA Project, Final Report (Part 1)*, in www.fondazionebrodolini.it/galca, 2004.

[36] C. Saraceno, *Dove è la vera parità tra uomini e donne?*, in www.lavoce.info, 6 gennaio 2009.

[37] T. Boeri e A. Brugiavini, *Pension Reforms and Women Retirement Plans*, IZA DP 3821, 2008.

3. Sud e Nord sempre più lontani

Un muro invisibile, ma profondo, divide l'Italia in due parti. Tale da resistere a tutte le grandi trasformazioni che hanno cambiato il volto del paese nel suo secolo e mezzo di storia. Nonostante gli obiettivi di integrazione e omogeneizzazione avviati con l'unificazione, la convergenza tra Nord e Sud in termini di livelli economici non c'è stata, e mai come ora se ne ha la chiara percezione. Suonano in questo senso particolarmente sconsolate le parole del governatore della Banca d'Italia nelle sue *Considerazioni finali* per l'anno 2007, quando constata che, nonostante l'imponente ammontare di trasferimenti pubblici, il divario rimane profondo: «nel 2007 il rapporto tra il prodotto per abitante delle regioni meridionali e quello del Centro-Nord non ha raggiunto il 60%; resta inferiore a quello di trent'anni fa», mentre invece in Germania «il prodotto pro capite dei *Länder* orientali è cresciuto nell'ultimo decennio molto più che nel resto del paese»[1].

Nella stessa Spagna, paese molto simile al nostro, si è realizzata recentemente una rapida convergenza tra le regioni settentrionali e meridionali. In un'analisi comparativa che ha preso in considerazione il prodotto interno lordo, i livelli di istruzione e degli investimenti infrastrutturali, oltre che indicatori di quello che viene definito capitale sociale, Leonardi e Nannicini hanno mostrato come le regioni spagnole si stiano rapidamente avvicinando, mentre quelle italiane rimangono ancora molto distanti[2].

1. L'integrazione mancata

Se il Settentrione d'Italia risulta una delle aree più sviluppate d'Europa, gran parte del Meridione si ritrova ad essere tra le più arretrate del continente. Come accade per molti altri indicatori socioeconomici, il Pil pro capite italiano è vicino alla media europea, ma il dato risulta dalla combinazione di due valori molto diversi: la differenza tra Italia settentrionale e meridionale è maggiore della differenza media tra paesi europei.

Nicola Rossi fa notare che, nonostante le dinamiche positive del Meridione degli anni Novanta, le distanze fra il Centro-Nord e il Sud del paese sono rimaste, nel complesso, inalterate. La politica degli investimenti pubblici non ha avuto sulle «variabili di contesto» un impatto tale da modificare strutturalmente il processo di accumulazione del settore privato. Sotto tutti i principali profili, il Mezzogiorno è e rimane, oggi come ieri, il «malato d'Italia»[3].

Il divario tra le due aree del paese continua quindi a essere particolarmente ampio. Tanto che difficilmente si trova nel mondo occidentale uno stato nel quale l'indice di povertà relativa divide in modo altrettanto netto, in due parti ben distinte, il territorio nazionale. Secondo il dato del 2006 nel Nord vive sotto la soglia di povertà il 6% delle persone, e in ogni caso in nessuna regione centrosettentrionale si supera il 10%. Viceversa, nell'area del Mezzogiorno si arriva al 25%. A metà strada, come accade per vari altri indicatori, l'Abruzzo con il 13%. Complessivamente, i due terzi delle famiglie italiane povere risiedono nel Mezzogiorno.

I dati delle indagini Eu-Silc mostrano come il Sud Italia sia anche una delle aree in Europa con maggiore disuguaglianza interna nella distribuzione dei redditi[4]. Le principali vittime di questa disparità nella disparità sono i bambini. Esiste infatti un legame stretto tra condizioni economiche minime e caratteristiche sociodemografiche dei componenti della famiglia. In particolare, la povertà relativa per le famiglie del Sud con più di due figli minori è salita negli ultimi dieci anni da oltre un terzo a quasi un caso su due[5]. Un quadro preoccupante, confermato anche dalle classifiche Unicef sul benessere materiale dell'infanzia che vede il nostro paese in posizioni imbarazzanti. Ma sono bambini sempre più poveri anche di conoscenza, come testimoniano impietosamente i dati relativi alle performance scolastiche. I problemi del minore capitale umano nel Meridione non sembrano dipendere solo dalla minore «quantità» d'istruzione quanto piuttosto dalla sua «qualità». Ad esempio, i differenziali regionali nei risultati dei test Pisa-Ocse evidenziano risultati nettamente peggiori dei ragazzi del Sud rispetto a quelli del Nord[6]. Per gli indicatori di apprendimento scientifico, i punteggi dei test risultano pari a 448 per gli studenti meridionali contro i 520 e 501 rispettivamente del Nord-Est e del Nord-Ovest. Inoltre, la variabilità media tra le regioni meridionali è più bassa della variabilità tra le regioni del Nord, il che suggerisce che gli scarsi risultati delle scuole meridionali tendono a essere un fenomeno generalizzato.

Si tratta di dati che confermano in modo netto e impietoso il grado di cronicizzazione del divario tra le due Italie e costituiscono chiara evidenza di una convergenza non realizzata.

Come da più parti viene sottolineato, se il nostro paese nel suo complesso cresce meno del resto d'Europa è anche perché il Mezzogiorno rimane un nodo irrisolto dello sviluppo italiano. Il Sud Italia continua a essere inguaribilmente in crisi, con i suoi problemi di sempre. Niente di nuovo, dunque? In realtà, no. Qualcosa di importante e storicamente inedito è accaduto negli ultimi anni e riguarda la relazione tra sviluppo economico e trasformazioni demografiche[7].

2. Una nuova geografia della demografia italiana: la fine del primato riproduttivo

Il Mezzogiorno si è trasformato in pochi decenni da una delle aree più prolifiche a una delle zone più demograficamente depresse del mondo occidentale.

Ancora all'inizio degli anni Settanta quando, dopo il *baby boom*, la fecondità era già scesa in molti paesi occidentali e in varie regioni italiane sotto i livelli di rimpiazzo generazionale, il tasso di fecondità totale del Sud restava invece attorno ai tre figli per donna. Quando alla fine degli anni Ottanta l'Italia è diventata il paese con più bassa fecondità al mondo, il Sud continuava ad avere valori ancora ben sopra la media europea.

All'inizio degli anni Novanta nell'Europa occidentale la fecondità era mediamente pari a 1,55 figli per donna. Nel Nord Italia si facevano meno di 1,15 figli, mentre il Sud con un livello di 1,7 si trovava sostanzialmente in linea con i paesi

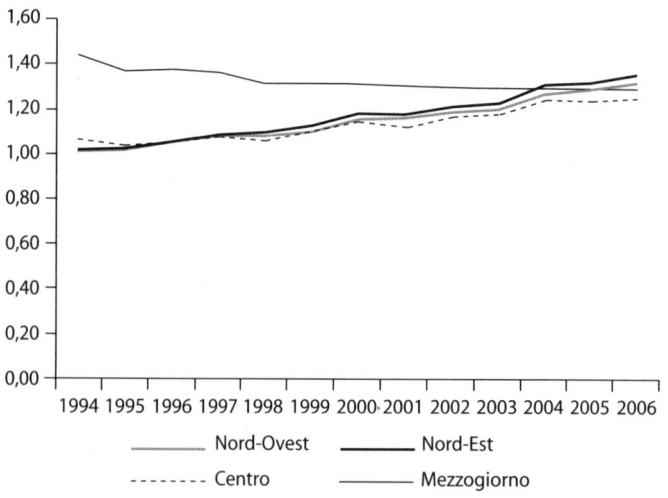

FIG. 3.1. Numero medio di figli per donna (anni 1994-2006).

più prolifici, come Francia, Regno Unito, Svezia. Fatte cento le nascite nazionali, la maggior parte avveniva ancora nel Sud del paese (oltre il 45%); seguivano il Nord (meno del 40%) e il Centro (poco oltre il 15%).

Il 1995 è l'anno in cui il numero medio italiano di figli per donna tocca il punto più basso della sua storia. A partire da quel momento inizia per l'area centrosettentrionale una fase di lenta e progressiva ripresa riproduttiva. Il Meridione prosegue invece nel suo processo di declino. L'esito delle due opposte dinamiche porta prima all'annullamento del secolare vantaggio meridionale, e successivamente al sorpasso del Nord. Secondo i dati Istat del 2007, la media italiana è pari a poco più di un figlio e un terzo. Il Mezzogiorno si trova sotto tale livello (attorno a 1,3) e l'Italia settentrionale leggermente sopra (1,4 circa). In termini assoluti nascono ora più bambini al Nord rispetto al Sud, anche al netto delle nascite straniere.

Un sorpasso analogo è avvenuto di recente nella durata media della vita. Prendiamo il caso di due regioni di peso demografico paragonabile, ma geograficamente ai poli opposti dello stivale. A metà anni Settanta in Lombardia la speranza di vita alla nascita era appena sopra i 68 anni, ben un anno e mezzo in meno rispetto alla media nazionale e tre anni in meno rispetto alla Sicilia. Trent'anni dopo, la situazione appare ben diversa. La durata media di sopravvivenza dei lombardi ha colmato completamente il divario rispetto al valore nazionale, mentre quella dei siciliani è sotto di oltre sei mesi. Sul versante femminile, Sicilia e Lombardia mostravano livelli simili a metà anni Settanta, mentre ora la Sicilia è sotto di oltre un anno.

Più in generale, oggi quasi tutte le regioni del Sud presentano una speranza di vita sia maschile che femminile sotto la media nazionale, mentre il Centro-Nord è quasi tutto sopra la media.

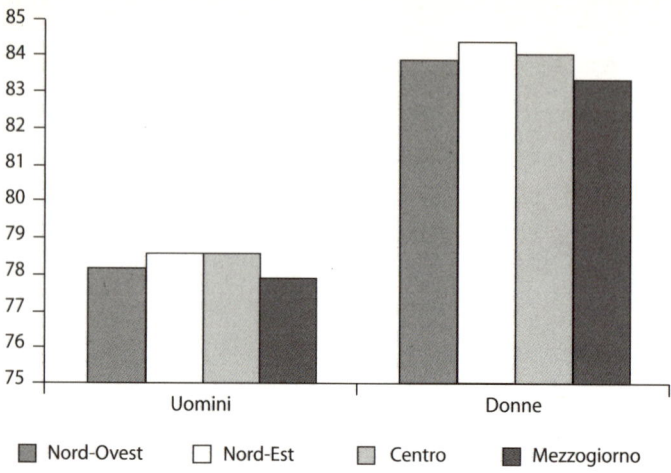

FIG. 3.2. Speranza di vita alla nascita per ripartizione geografica (anno 2006).

fonte: Dati Istat.

Quella di inizio XXI secolo è quindi una geografia inedita, per certi versi inattesa, della demografia italiana. Uno dei motivi principali riguarda l'evoluzione della relazione tra sviluppo economico e componenti della dinamica della popolazione. In una lunga fase della crescita industriale, le aree più avanzate e produttive del paese hanno sofferto di livelli di salute, soprattutto maschile, complessivamente più bassi. E le zone dove maggiore era l'occupazione femminile avevano tassi di fecondità mediamente inferiori. Nel corso dell'ultima parte del XX secolo lo scenario è iniziato lentamente a cambiare. Lasciati alle spalle alcuni aspetti negativi dello sviluppo industriale, ora nelle regioni più ricche ci si ammala di meno e si vive più a lungo, grazie anche a un miglior sistema di salute pubblica[8].

È inoltre divenuta sempre più importante la partecipazione delle donne al mercato del lavoro, spesso per la necessità da parte delle giovani coppie di disporre di un doppio stipendio (come difesa dai rischi dell'instabilità lavorativa) per formare una propria famiglia e avere figli.

Abbiamo visto nel capitolo precedente che i paesi con maggior livello di benessere e crescita più equilibrata presentano elevati valori sia nella partecipazione delle donne al mercato del lavoro che di fecondità. Non a caso l'Italia, nel quadro occidentale, è tra i paesi che economicamente crescono meno, che meno valorizzano la risorsa femminile e che producono meno figli. Ma se nel Nord del paese qualche segnale positivo si intravede, la situazione del Meridione appare invece particolarmente preoccupante. Secondo i più recenti dati Istat, nel Nord il tasso di occupazione di una donna 35-44enne coniugata con figli (68,2%) è di circa il 25% inferiore a quello di una single (91%), mentre nel Mezzogiorno risulta inferiore di quasi il 50% (70,5% contro 36,5%). Analoghe differenze territoriali emergono anche considerando l'effetto di diminuzione dei tassi di partecipazione femminili al crescere del numero di figli. Nel Mezzogiorno il tasso delle donne coniugate con tre o più figli è pari al 27,4% contro il 49,3% del Nord. Non a caso le famiglie con 3 o più figli monoreddito risultano essere quelle più a rischio di povertà.

3. Relazioni familiari e ruoli femminili

La particolare importanza dei legami familiari come supporto affettivo e strumentale in tutte le fasi della vita è riconosciuta come uno degli elementi che maggiormente caratterizzano il modo di fare ed essere famiglia nella parte di Europa a sud di Alpi e Pirenei. Si tratta di un elemento che forma un sistema unico e coerente con la «debolezza» del welfare pubblico e che, come già sottolineato (vedi cap. 1), è strategicamente connesso con la prossimità abitativa.

Tutto il territorio italiano condivide questi elementi di base, ma la letteratura antropologica e storico-demografica indica la presenza di due modelli prevalenti, radicati nel tempo, di formazione della famiglia[9]. Il primo, caratteristico soprattutto del Centro-Nord, ha alla base una spiccata propensione alla coabitazione tra membri delle diverse generazioni. Era infatti tradizionalmente molto comune la residenza *patrilocale*: dopo il matrimonio la coppia andava a vivere con la famiglia di origine del marito. A seconda delle regole ereditarie specifiche, ciò accadeva in alcuni casi per tutti i figli e in altri solo per il primogenito. In generale, questi contesti erano quindi dominati dalla presenza di strutture familiari più complesse. Ancora fino alla prima parte del Novecento, la dimensione media delle famiglie nelle regioni centrosettentrionali risultava, anche dai dati dei censimenti, sensibilmente più elevata rispetto alle regioni meridionali.

Il secondo modello, diffuso tradizionalmente soprattutto nel Sud, prevede invece che al momento del matrimonio la giovane coppia vada a vivere per conto proprio, pur rimanendo normalmente in un raggio ristretto. Vigeva infatti tipicamente in questi contesti la regola della residenza *neolocale* e le strutture familiari erano in generale più semplici. A questo secondo modello tendono ad associarsi anche un'età relativamente più giovane di conquista di una propria autonomia e una maggiore sincronizzazione tra uscita dalla casa dei genitori e matrimonio, soprattutto sul versante femminile. La regola neolocale nella formazione della famiglia non implicava un distacco definitivo, ma era funzionale alla riduzione delle possibilità di ingerenza verticale e favoriva la creazione di una rete orizzontale di «federazioni di famiglie» reciprocamente connesse[10].

Distintivo, e in modo cruciale, è nei due modelli il ruolo femminile, storicamente asse portante della solidarietà familiare e della rete sociale. Nell'Italia meridionale, la casa in cui vive la donna individua il nucleo familiare di appartenenza che può essere quello del padre o del marito, non di entrambi e non di altri. Il che tende a escludere sia la coabitazione intergenerazionale sia, nel passato, il servizio domestico in giovane età presso altre case. Entrambi questi aspetti erano invece più comuni nell'Italia settentrionale[11]. Non a caso, il Sud Italia è una delle aree nell'Europa occidentale dove ancora oggi sono meno diffuse la vita autonoma come single per le giovani donne, le moderne convivenze e le nascite fuori dal matrimonio[12].

Per questi aspetti, va ricordato che la combinazione tra welfare pubblico debole e forti legami familiari rende i giovani italiani particolarmente dipendenti dal sostegno dei genitori, come abbiamo già messo in evidenza nel capitolo dedicato ai giovani. Ciò pone i genitori nella posizione di poter esercitare, direttamente o indirettamente, una forte azione di condizionamento sulle scelte dei figli. E infatti alcuni studi hanno messo in luce la presenza di una relazione significativa tra atteggiamento dei genitori e scelta dei giovani di convivere, anche a parità di atteggiamento dei giovani stessi[13]. Inoltre, i genitori con un atteggiamento negativo verso la scelta della convivenza tenderebbero a essere meno generosi nell'aiuto verso i figli. Ad esempio, nella quasi totalità padri e madri italiani si dichiarano ben disposti ad aiutare un figlio che deve sposarsi ad acquistare una casa, ma tale valore diminuisce considerevolmente nel caso il figlio decida di convivere. Ciò vale soprattutto per i genitori meridionali, e ancor più nei riguardi delle figlie femmine: solo un padre su cinque dichiara che accetterebbe tale scelta senza opporsi[14].

È innegabile però che nonostante le difficoltà in termini di opportunità di autonomia economica e le molte resistenze anche culturali, la condizione della donna meridionale sia in mutamento. Tuttavia, come sottolinea con forza un volume che presenta i risultati di ricerche condotte da un gruppo di sociologhe e di antropologhe in sei città del Mezzogiorno[15], bisogna ricordare che la stessa nozione di emancipazione appare riduttiva per il percorso delle donne del Sud, inadeguata rispetto ai processi «canonici» seguiti dalle donne del Nord Italia e di gran parte dell'Europa. Nell'affrontare questi temi, non si può non tener conto della tradizione e della storia, del ruolo e dell'identità femminile. Dalla loro indagine qualitativa emerge come la crescente scolarizzazione si scontri con le difficoltà di realizzazione professionale per i limiti delle possibilità di occupazione, producendo un disagio esistenziale diffuso. Il contenimento delle nascite viene letto come strategia preventiva di riduzione del conflitto tra aspettative di autorealizzazione e carico fisico e psicologico dell'asimmetria di genere nel lavoro familiare, ma la maternità rimane un valore estremamente sentito: il primo figlio rimane nell'ordine naturale delle cose, viene ottenuto quasi senza dilazioni dopo il matrimonio ed è considerato una tappa fondamentale di conferma della propria identità femminile. Secondo Oppo e colleghe, l'aspirazione femminile a lavorare fuori casa e il contenimento della dimensione familiare sono senz'altro segnali di un processo di emancipazione in uno stato avanzato. Ciò che sta alla base del processo è comunque la presa di coscienza di essere dei soggetti, l'assunzione di responsabilità verso se stesse, l'accesso alla possibilità di scelta. Se il lavoro fuori dalle mura domestiche viene fortemente difeso e la rinuncia all'occupazione fuori casa viene considerata una deprivazione, rimane forte anche il riconoscimento che la famiglia viene prima di tutto.

Una conferma arriva dalle più recenti indagini quantitative Istat ed Eurostat sul valore assegnato alla famiglia e dall'accordo che sembra regnare intorno al fatto che una madre con figli piccoli che passa la maggior parte della sua giornata fuori casa non è una buona madre, che l'asilo nido non è adeguato per allevare i figli, e che debba essere soprattutto la donna a occuparsi oltre che dei figli anche, in generale, degli impegni di cura familiare. Queste risposte segnalano una rilevante difformità di atteggiamento tra le donne settentrionali e quelle meridionali. Oltre alle ridotte opportunità occupazionali e alle più forti resistenze verso una minore asimmetria di genere, resiste forse anche un modo diverso di intendere il ruolo materno, punto fermo dell'identità femminile, che interagisce con le specificità del percorso di emancipazione delle donne meridionali. In termini di politiche, questo potrebbe voler dire che gli strumenti di conciliazione tra lavoro e famiglia che funzionano al Nord non necessariamente sono destinati ad aver successo al Sud.

Recenti ricerche hanno mostrato come l'elasticità dell'offerta di lavoro delle madri del Sud sia meno sensibile ai cambiamenti delle condizioni dei servizi per l'infanzia (costi e numero di posti)[16]. Si nota, ad esempio, una maggior resistenza all'uso dei nidi. Nelle regioni meridionali, dove i servizi sono più limitati o quasi inesistenti, non si sono infatti consolidate un'abitudine e una fiducia nel ricorso ai servizi per l'infanzia che abbiano aiutato a superare le resistenze culturali.

Le difficoltà inerenti alle limitate opportunità di lavoro rimangono comunque tra i problemi più rilevanti, in particolare proprio per le donne del Sud. Non bastano politiche che stimolino l'offerta di lavoro femminile nel Meridione: ne sono necessarie anche altre che favoriscano la domanda (vedi cap. 4).

4. Sempre meno giovani e sempre meno valorizzati

Negli anni Ottanta la popolazione italiana under 15 era di circa 12 milioni. Al censimento del 2001 le persone appartenenti a tale fascia d'età si erano ridotte a poco più di 8 milioni. Secondo le previsioni Istat di inizio secolo (base 2001), all'orizzonte del 2030 le persone sotto i quindici anni erano destinate a scendere a poco più di 6 milioni e mezzo. Le previsioni più recenti (base 2007) restituiscono invece uno scenario demografico meno pessimistico, che contempla una discesa poco sotto gli 8 milioni.

In pochi anni il quadro prospettico è quindi cambiato, conseguenza del consolidarsi della ripresa delle nascite e, soprattutto, dell'immigrazione. Si tratta però di dinamiche limitate all'Italia centrosettentrionale. Per questa area del paese le nuove previsioni rivedono infatti al rialzo la popolazione under 15, che dovrebbe accrescersi da qui al 2030 di quasi quattrocentomila unità, anche se in termini relativi scenderà dal 13,2 al 12,8%. Nel Sud invece la revisione vira fortemente verso il basso: nello stesso periodo il totale delle più giovani generazioni è destinato a scendere da oltre 3,2 milioni a meno di 2,5 milioni. Quello che si delinea, quindi, è un vero e proprio tracollo delle risorse più giovani del Mezzogiorno: quasi un quarto in meno.

Uno scenario analogo si ottiene se si estende fino ai 25 anni la fascia d'età considerata.

Nel complesso, secondo le previsioni Istat, la popolazione di età 0-24 anni del Mezzogiorno si ridurrà entro il 2030 di quasi un milione e mezzo di unità. Nel Nord gli under 25 aumenteranno in termini assoluti di quasi un milione, ma in termini relativi la percentuale di persone in tale fascia sulla popolazione totale si manterrà comunque sotto il 22,5%, uno dei valori più bassi nel mondo occidentale.

Sulla differenza tra il contenimento del declino delle nuove generazioni nel Nord e la drastica riduzione nel Mezzogiorno pesa la maggiore denatalità di quest'area del paese, ma ancor più la diversa incidenza delle dinamiche migratorie.

Oggi gli stranieri costituiscono complessivamente oltre il 6% della popolazione residente in Italia. Esiste però una forte differenza territoriale, con valori vicini all'8% nel Nord e appena sopra l'1,5% al Sud. Va inoltre considerato che quella straniera è una popolazione giovane. L'età media è pari a 31 anni, mentre quella dei cittadini italiani supera i 43. Circa un residente straniero su due ha un'età compresa tra i 18 e i 39 anni e più di uno su cinque è minorenne. Molto bassa è invece la quota di coloro che hanno 65 e più anni: 2,1% contro il 20% della popolazione italiana.

Ma l'immigrazione tende a ringiovanire la popolazione italiana anche attraverso il contributo sempre più rilevante alle nascite. A metà anni Novanta l'incidenza delle nascite da genitori entrambi stranieri era ancora inferiore al 2%, mentre risulta ora vicina al 12% e si sale oltre al 15% se si considerano le nascite con almeno un genitore straniero. In valore assoluto, si è passati da meno di 10 mila a quasi 60 mila nati stranieri, concentrati per oltre il 90% nell'Italia centrosettentrionale.

Oltre alla minore immigrazione, contribuiscono poi ad accentuare lo svantaggio demografico del Meridione anche i consistenti flussi di uscita verso il Nord per motivi di studio e di lavoro[17]. Un fenomeno preannunciato da alcuni studiosi già a fine anni Novanta, i quali sostenevano che la presenza di forti differenziali regionali di disoccupazione avrebbe indotto forti migrazioni interne[18].

Secondo i dati Istat, ripresi anche nel rapporto Svimez, tra il 1997 e il 2007 oltre 600 mila persone hanno abbandonato il Mezzogiorno[19]. I dati dell'indagine sui bilanci delle famiglie della Banca d'Italia consentono inoltre di verificare come «le persone in età da lavoro emigrate dal Mezzogiorno al Centro-Nord fra il 1997 e il 2002 risultino essere più istruite e più giovani di quelle rimaste in loco: in particolare il 25% aveva una laurea, rispetto al 7% della popolazione residente nel Mezzogiorno»[20].

Che ad andarsene siano soprattutto i giovani più dinamici e qualificati, in cerca di migliori opportunità di formazione e professionali, è confermato da varie ricerche[21]. Si tratta di un fenomeno preoccupante, allo stesso tempo causa e conseguenza dell'impoverimento economico e culturale di quell'area del paese[22].

Chi rimane nel Meridione si trova, del resto, sempre più in difficoltà a conquistare una propria autonomia. Il fatto di essere entrati in una nuova stagione che vede un Sud sempre più penalizzato è segnalato anche dai dati sulla tardiva uscita dalla famiglia di origine. Un fenomeno, anche questo, particolarmente accentuato in Italia e fino a poco tempo fa caratteristico soprattutto delle regioni settentrionali. Le cause che ne stanno alla base rimandano a un complesso mix di fattori culturali ed economici. Ma il peso crescente delle difficoltà oggettive ha colpito maggiormente le regioni del Sud, tanto che negli ultimi anni anche in questo caso si è prodotto un inedito sorpasso. Nel 2006 nella fascia d'età 18-34 anni continuava a vivere ancora con i genitori il 62% dei soggetti nell'Italia meridionale e il 58% in quella settentrionale.

Il modello culturale che contemplava storicamente la coabitazione tra generazioni, prevalente nelle regioni italiane centrosettentrionali, risulta tradizionalmente anche più accondiscendente verso la lunga permanenza dei giovani nella famiglia di origine[23]. Il fatto che negli ultimi anni la quota di giovani trentenni che vivono ancora con i genitori sia aumentata soprattutto nel Meridione, fino a raggiungere e superare i livelli dell'Italia settentrionale, non mette in discussione i due distinti modelli culturali sottostanti[24]. Anche le indagini più recenti rivelano come continui a esistere una maggiore predisposizione dei genitori centrosettentrionali a ospitare a lungo i figli nella loro casa, finché non si sentono pronti per l'uscita. Inoltre, mentre il 60% dei trentenni settentrionali dichiara di vivere con i genitori perché «sto bene così», si scende al 40% nel Meridione[25].

Coerentemente con tali dati, negli ultimi anni la relazione tra permanenza nella casa paterna e difficoltà occupazionali appare in effetti sempre più stretta (tab. 3.1). Recenti indagini Istat rilevano che il peso crescente delle difficoltà oggettive di uscita (disoccupazione, lavoro precario e reddito insufficiente) si è fatto sentire con particolare intensità sui giovani meridionali. Tra chi vive con i genitori, gli occupati sono il 30% nel Sud e il 60% nel Nord. Ma anche per chi ha un titolo di studio elevato lo svantaggio territoriale risulta molto consistente. Il tasso di occupazione di un laureato in età 25-34 anni è, ad esempio, di oltre 20 punti percentuali più basso nel Sud rispetto al resto d'Italia: 55% contro il 78% (Istat, media 2007).

Più in generale, in una recente ricerca, Checchi e Peragine[26] hanno mostrato come la disuguaglianza delle opportunità al Sud sia su livelli doppi rispetto al Nord. Le loro analisi portano alla sconsolata conclusione che «le regioni del Sud sperimentano il peggiore dei mondi possibili: più basso reddito *per capita* accompagnato da una maggiore ineguaglianza di reddito».

TAB. 3.1. PERCENTUALE 18-34ENNI CHE VIVONO CON I GENITORI (ANNO 2006)

	1993-94	2006	2006 RISPETTO AL 1993	TASSO OCCUPAZIONE 15-24	TASSO DISOCCUPAZIONE 15-24
Nord-Ovest	56,0	57,0	101,8	32,5	13,4
Nord-Est	57,6	58,5	101,6	35,2	11,0
Centro	57,1	60,4	105,8	26,1	19,5
Mezzogiorno	55,5	62,5	112,6	17,9	34,3

5. Più vecchi, poveri e rassegnati

Se la questione meridionale si avvita su se stessa, uno dei principali motivi è una gestione politica che ha sperperato risorse pubbliche «troppo spesso distolte verso interessi particolari o preda della criminalità organizzata», come accusa lo stesso governatore della Banca d'Italia[27]. Anche nel rapporto Svimez 2008 sull'economia del Mezzogiorno si imputa la mancata convergenza all'inadeguatezza del sistema istituzionale e di governance a ogni livello[28]. Le responsabilità della politica sono lucidamente messe in primo piano anche nel recente libro di Gianfranco Viesti, dall'emblematico titolo *Mezzogiorno a tradimento*. Scrivono inoltre Casavola e Utili:

> In presenza di condizioni di arretratezza generalizzate in aree sufficientemente vaste, le aspettative dei cittadini e i meccanismi di formazione delle preferenze finiscono per adattarsi a livelli più bassi ed essi non esercitano adeguatamente la loro domanda o la loro critica nei confronti dei soggetti pubblici. Ne consegue una scarsa responsabilizzazione di questi ultimi e l'assenza di motivazione al cambiamento[29].

Nel cercare di trovare le risposte al grande squilibrio tra le due Italie che pesa sullo sviluppo del paese, vanno però evitate rappresentazioni fuorvianti, come quella di un Mezzogiorno statico, ma anche quella che vede il Sud come un Nord arretrato. La società non è immune al cambiamento, e dunque è fondamentale continuare a investire risorse, ma per non sprecarle o usarle in modo controproducente, è cruciale investirle bene. Un grave errore è stato quello di guardare solo alla quantità e non alla qualità dell'investimento. A mancare non sono state soltanto la capacità e la volontà politica di rimuovere gli ostacoli che impedivano al Sud di raggiungere le performance settentrionali. È l'idea stessa di «nordizzare» il

Sud a essere sbagliata. Il problema del Mezzogiorno non è che non cambia, che rimane sempre uguale a se stesso, ma semmai il fatto di non aver (ancora) trovato un proprio percorso virtuoso di sviluppo. Muta per difendersi dalle grandi forze della modernizzazione (diminuendo ad esempio le nascite) anziché coglierne le opportunità (valorizzando adeguatamente, ad esempio, la risorsa femminile).

Come abbiamo mostrato, ciò che c'è di nuovo nella questione meridionale ora cronicizzata è il fatto che negli ultimi anni al Sud si è avviata una fase di crisi demografica che si affianca e si intreccia negativamente con quella economica. È difficile trovare un'area nel mondo occidentale entrata in una spirale così negativa di disinvestimento in capitale umano in termini quantitativi e qualitativi.

La denatalità più marcata, la minore incidenza delle immigrazioni dall'estero, gli spostamenti delle componenti più dinamiche e qualificate verso il Nord, le scarse opportunità di lavoro dei giovani, la bassissima partecipazione femminile al mercato del lavoro, rendono più accentuato e costoso il processo di invecchiamento della popolazione nel Sud del paese rispetto all'Italia centrosettentrionale. Per la spirale negativa delle dinamiche demografiche ed economiche che lo stanno caratterizzando, il Mezzogiorno è destinato a diventare una delle aree con peggior rapporto tra anziani inattivi e popolazione occupata. Con l'aggravante che ciò avviene in un contesto nel quale il sistema di welfare pubblico è particolarmente carente e inefficiente, da un lato, e le condizioni di salute e di benessere economico degli anziani tendono a essere peggiori rispetto al resto del paese, dall'altro. Rischia quindi a entrare in crisi la tradizionale rete degli aiuti informali, che ha come asse portante la solidarietà intergenerazionale. Ciò non solo per l'aumento della domanda di cura da parte degli anziani non autosufficienti in condizioni economiche e abitative disagiate, ma anche per la sempre maggiore carenza di offerta di aiuto da parte delle generazioni più giovani, sempre più esigue e sempre più spinte a cercare migliori opportunità di lavoro e di vita lontano dalla terra di origine.

note

[1] Banca d'Italia, *Considerazioni finali. Anno 2007*, Roma, 31 maggio 2008, p. 13.

[2] Il Pil pro capite del Sud italiano ammontava al 61% di quello del Nord nel 1960, e ancora nel 2006 il rapporto era fermo al 67%. In Spagna, invece, il Pil pro capite del Sud ammontava al 55% di quello del Nord nel 1960, ma era salito al 75% nel 2006. M. Leonardi e T. Nannicini, *Quel capitale che manca al Sud*, in www.lavoce.info, 28 novembre 2008.

[3] N. Rossi *Mediterraneo del Nord*, Roma-Bari, Laterza, 2005.

[4] Il valore dell'indice di Gini risulta pari a 0,33 nel Mezzogiorno, contro 0,28 nel Centro-Nord. P. Casavola e F. Utili, *Il Mezzogiorno: politiche per la crescita e riduzione delle disuguaglianze*, in L. Guerzoni (a cura di), *La riforma del welfare. Dieci anni dopo la «Commissione Onofri»*, Bologna, Il Mulino, 2008. Scrivono inoltre le due autrici: «Le difficoltà dichiarate nell'affrontare spese relative a situazioni di malattia, o frequenza scolastica, o spese di trasporto, segnalano inoltre gravi carenze nell'offerta di servizi collettivi per ambiti in cui la fruizione dei servizi non dovrebbe essere condizionata, se non in misura assai residuale, ai costi degli stessi», p. 257.

[5] L.L. Sabbadini, *Il mutamento del contesto sociale*, in Guerzoni, *La riforma del welfare*, cit.

[6] M. Bratti, D. Checchi, e A. Filippin, *Territorial Differences in Italian Students' Mathematical Competencies: Evidence from Pisa 2003*, Iza Discussion Paper No. 2603 (February), 2007.

[7] A. Rosina, *Denatalità a Mezzogiorno. La demografia delle due Italie*, in «Vita e Pensiero», n. 4, pp. 73-78.

[8] Come è ben noto, l'accesso alle prestazione sanitarie e la loro qualità variano molto sul territorio nazionale. Gli indicatori Istat sulla qualità dei servizi pubblici mostrano in modo evidente l'esistenza di un divario tra Nord e Sud anche su ambiti relativamente ai quali i cittadini dovrebbero godere di stessi diritti su tutto il territorio nazionale. C. Gori e I. Madama, *Le politiche socioassistenziali*, in Guerzoni, *La riforma del welfare*, cit.

[9] La situazione italiana era molto articolata, con la Sardegna che formava un caso a sé stante. M. Barbagli, *Sistemi di formazione della famiglia in Italia*, in «Bollettino di demografia storica», 5, 1987, pp. 80-127.

[10] G. Micheli, *Due famiglie forti. Materiali per una rilettura dei modelli*

mediterranei di riproduzione sociale, in A. Rosina e P.P. Viazzo (a cura di), *Oltre le mura domestiche. Famiglia e legami intergenerazionali dall'Unità d'Italia ad oggi*, Udine, Forum Editore, 2008.

[11] P.P. Viazzo, *What's so special about the Mediterranean? Thirty years of research on household and family in Italy*, in «Continuity and Change», 18, 2003, pp. 111-137.

[12] G. Gesano, F. Ongaro e A. Rosina (a cura di), *Rapporto sulla Popolazione. L'Italia all'inizio del XXI secolo*, Bologna, Il Mulino, 2008.

[13] P. Di Giulio e A. Rosina, *Intergenerational family ties and the diffusion of cohabitation in Italy*, in «Demographic Research», 16, 14, 2007, pp. 441-468.

[14] A. Rosina e G. Micheli, *Modelli familiari e negoziazione dei percorsi di transizione allo stato adulto*, Atti del Convegno su «Famiglie, nascite e politiche sociali», Roma, 28-29 aprile 2005, Roma, Accademia nazionale dei Lincei, 2006.

[15] A. Oppo, S. Piccone Stella e A. Signorelli (a cura di), *Maternità, identità, scelte. Percorsi dell'emancipazione femminile nel Mezzogiorno*, Napoli, Liguori, 2000.

[16] D. Del Boca e D. Vuri, *The mismatch between employment and child care*, in «Journal of Population Economics», 4, 2007.

[17] Un fenomeno simile sta interessando altri paesi con disparità interne di sviluppo, come la Germania dove i flussi sono tornati a crescere dal 2000 in poi dopo un periodo di stasi.

[18] R. Faini, G. Galli, P. Gennari e F. Rossi, *An empirical puzzle: Falling migration and growing unemployment differentials among Italian regions*, in «European Economic Review», 41, 1997, pp. 571-579.

[19] L'intensità dell'emigrazione non è comunque la stessa in tutte le regioni del Mezzogiorno. Il fenomeno è decisamente più forte in Calabria e in Basilicata, al contrario, i saldi positivi più rilevanti si trovano nel Nord-Est e soprattutto Emilia-Romagna. Svimez, *Rapporto 2004 sull'economia del Mezzogiorno*, Bologna, Il Mulino, 2004, pp. 179-186; «Informazioni Svimez», gennaio-maggio 2005, pp. 13-14. Si veda anche C. Bonifazi, *Le migrazioni interne meridionali: vecchi e nuovi ritardi*, in www.neodemos.it, 28 gennaio 2009, dove si segnala tra le altre cose, una generale diminuzione della mobilità interna nel Mezzogiorno, «segnale significativo di una riduzione delle già limitate capacità attrattive della ripartizione anche sulla media e breve distanza, di un minor dinamismo complessivo della società meridionale e di un allargamento della distanza con il resto del paese».

[20] Banca d'Italia, *Relazione annuale*, 2005, p. 153.

[21] R. Piras, *Rendimento del capitale umano, qualità dell'istruzione e fuga dei cervelli dal Mezzogiorno*, in «Economia & Lavoro», XLI, 2007, pp. 119-138.

[22] I maggiori ostacoli e la mancanza di incentivi nelle regioni del Sud che hanno portato anche al fenomeno di crescita dell'emigrazione interna caratterizzata come *brain drain*, proprio in quanto composta principalmente da lavoratori con elevata istruzione. G. Viesti, *Nuove migrazioni.*

Il «trasferimento» di forza lavoro giovane e qualificata dal Sud al Nord, in «il Mulino», 4, 2005.

[23] M. Barbagli, M. Castiglioni e G. Dalla Zuanna, *Fare famiglia in Italia. Un secolo di cambiamenti*, Bologna, Il Mulino, 2003.

[24] A. Rosina e P.P. Viazzo (2008), *False convergenze e persistenze dinamiche*, in *Oltre le mura domestiche. Famiglia e legami generazionali dall'Unità d'Italia ad oggi*, Udine, Forum Editore, 2008.

[25] A. Rosina, R. Fraboni e L.L. Sabbadini, *Diventare uomini e donne in Italia*, in A. Pinnelli, F. Racioppi e R. Rettaroli, (a cura di), *Genere e demografia*, Bologna, Il Mulino, 2003.

[26] D. Checchi e V. Peragine, *Regional Disparities and Inequality of Opportunity: The Case of Italy*, IZA Discussion Paper No. 1874, 2006.

[27] Banca d'Italia, *Considerazioni finali. Anno 2007*, Roma, 31 maggio 2008, p. 13.

[28] *Rapporto Svimez 2008 sull'economia del Mezzogiorno*, in www.svimez.it.

[29] P. Casavola e F. Utili, Il Mezzogiorno: politiche per la crescita e riduzione delle disuguaglianze», in L. Guerzoni (a cura di), *La riforma del welfare. Dieci anni dopo la «Commissione Onofri»*, Bologna, Il Mulino, 2008, p. 260.

4. Politiche per la famiglia: ridurre gli squilibri per incentivare la crescita

Sono state avanzate molte proposte in questi ultimi anni a favore della famiglia. Esiste tuttavia un ritardo storico del nostro paese che fatica a essere colmato nonostante sia oramai diffuso il riconoscimento, nel dibattito pubblico e politico, dell'importanza di recuperare il tempo perduto. Nel frattempo, mentre alcuni tradizionali problemi rischiano di cronicizzarsi, emergono nuove fragilità che chiedono adeguate risposte. Mentre altri paesi hanno dimostrato una certa capacità di cogliere per tempo le sfide e guidare i cambiamenti, l'Italia continua a trovarsi con i suoi gravi problemi irrisolti e con un welfare pubblico che sembra sempre di più un vestito con toppe troppo piccole per coprire i buchi più evidenti. Sarebbe invece necessaria, come molti auspicano, un'ampia, strutturale, organica e coerente riforma degli strumenti di protezione pubblica e promozione del benessere[1].

In questo capitolo ci limitiamo a presentare una selezione di interventi e misure che consideriamo particolarmente utili per ridurre gli squilibri discussi finora; squilibri che proprio perché non permettono di valorizzare adeguatamente risorse cruciali, comprimono sia lo sviluppo del paese che il benessere delle famiglie. Particolare attenzione dedicheremo alla dimensione di genere e di generazione, nella convinzione che promuovendo e accrescendo le opportunità di donne, bambini e giovani si possa contribuire in modo rilevante a ridurre anche le disuguaglianze sociali, le disparità territoriali e si possa favorire anche il processo di integrazione dei nuovi italiani.

Consideriamo inoltre prioritarie le misure che investono sul futuro, che siano misure effettivamente realizzabili e che incentivino comportamenti virtuosi dei singoli con ricadute positive per la collettività.

1. Politiche a favore delle nuove generazioni

Come abbiamo illustrato nel capitolo 1, i giovani italiani si trovano con opportunità di occupazione nel complesso meno vantaggiose rispetto ai coetanei che vivono negli altri grandi paesi europei, un fatto che riduce le possibilità di rendersi autonomi dalla famiglia di origine e di formarne una propria. La flessibilizzazione del mercato del lavoro ha reso ancora più problematica la loro situazione[2]. Il problema italiano non è però tanto la flessibilità in sé, quanto la presenza di una *flexibility* senza *security*, che espone a condizioni di precarietà che rallentano e complicano il percorso verso una piena autonomia e la progettazione del proprio futuro. Va aggiunto che il mercato del lavoro è poco dinamico e i salari di ingresso sono relativamente bassi, diventa quindi particolarmente difficile continuare ad affrontare le spese della vita quotidiana, in particolare nelle grandi città, quando finisce un contratto e si è alla ricerca di un nuovo lavoro.

Com'è ampiamente riconosciuto, mancano nel nostro paese adeguati strumenti di protezione sociale verso i nuovi e vecchi rischi. La disoccupazione è sempre stata poco protetta. E la precarietà, insieme alla intermittenza, è sempre stata in particolare una caratteristica di una buona parte della occupazione femminile di ogni età[3].

I dati internazionali ci dicono che siamo uno dei paesi sviluppati con spesa sociale più sbilanciata a favore delle vecchie generazioni e che meno spende in sussidi di disoccupazione.

Da un lato, i tradizionali trattamenti di disoccupazione previsti dal nostro sistema richiedono, per la loro natura assicurativa, una certa anzianità contributiva e si rivelano quindi inadeguati per chi svolge lavori discontinui o è da poco entrato nel mercato del lavoro, come i giovani. D'altro canto, in riferimento alle recenti innovazioni, «un'ulteriore peculiarità del sistema di welfare italiano consiste nell'assenza di adeguate forme di tutela previdenziale e contro il rischio di disoccupazione dei lavoratori parasubordinati (collaboratori coordinati continuativi o a progetto e lavoratori occasionali). La legge 30/2003 (cosiddetta legge Biagi) – in linea con il precedente provvedimento del 1997 (cosiddetto pacchetto Treu) – ha posto l'enfasi sull'aspetto di flessibilità del lavoro, ma ha trascurato la conseguente necessità di una simultanea e organica riforma del sistema di ammortizzatori sociali»[4], contraddicendo lo stesso Libro Bianco cui si era ispirata, nel quale era prevista l'introduzione di tutele. Non sono mancati da allora i tentativi di mettere qualche toppa, ma questa seconda e cruciale parte della riforma tuttora latita. Il nostro paese continua quindi a essere tra quelli che, di fatto, peggio bilanciano flessibilità e sicurezza.

Tanto per fare un esempio concreto, uno studio di Berton e colleghi mostra come tra i contratti scaduti a dicembre 2008 non risultano coperti da sussidio di disoccupazione, oltre ai parasubordinati, anche

> il 38% dei lavoratori a tempo determinato (diventa il 47% se si guardano solo i lavoratori part-time), quasi il 50% dei somministrati/interinali (il 63% tra i part-time) e quasi l'80% degli apprendisti. I particolari requisiti necessari per accedere ai sussidi escludono, infatti, molti lavoratori con una storia lavorativa limitata o frammentata[5].

Che fare? La situazione italiana è oramai insostenibile. Proprio nei momenti di crisi, quando i problemi si fanno sentire maggiormente, si possono trovare energie e motivazioni per riforme strutturali in direzione di una revisione degli ammortizzatori sociali che affronti in modo adeguato i nuovi rischi e aiuti i singoli e le famiglie in modo attivo.

È certamente necessario intervenire, in particolare, riducendo l'abuso dei contratti atipici, utilizzati spesso per mansioni che dovrebbero essere svolte dal lavoro continuativo. Ma è soprattutto necessario creare adeguati strumenti di protezione e sostegno del reddito, già presenti in molti paesi dell'Europa occidentale. Sarebbe auspicabile poi l'adozione di una misura universale, alla quale tutti possano avere accesso, ma selettiva, ovvero da assegnare solo a chi ne ha reale necessità in funzione di reddito e patrimonio. Di particolare interesse è, in questo senso, il *reddito di solidarietà attiva* francese, che rivisita e sostituisce il reddito minimo d'inserimento presente in Francia da circa vent'anni. Si tratta di un reddito aggiuntivo che non si perde quando si esce dallo stato di disoccupato, ma si somma in maniera modulare a quello da lavoro, così da incentivare il ritorno all'attività e costituire, nel contempo, un aiuto per i *working poors*[6]. I lavoratori parasubordinati o a termine sono esclusi di fatto o di principio anche dai sostegni alla maternità e paternità (congedi indennizzati in modo decente), seppure ci sia stato qualche miglioramento per i parasubordinati. Comunque, è proprio la temporaneità dei contratti che vincola la decisione di avere un figlio non solo in termini di reddito, ma in termini di rischio di non vedersi rinnovato il contratto stesso.

Per abbattere la precarietà e ridurre drasticamente il rischio di abuso delle varie figure contrattuali flessibili, una proposta interessante è stata avanzata da Boeri e Garibaldi e prevede un «unico contratto a tempo indeterminato»[7]. Questa sorta di contratto «onnicomprensivo» si sviluppa in tre fasi con protezione crescente per il lavoratore, partendo da un primo periodo di prova della durata di sei mesi, durante il quale l'azienda può valutare il nuovo lavoratore e decidere se assumerlo o meno, e finendo con un regime di piena protezione dopo il terzo anno di contratto.

Tale proposta è, tuttavia, limitata ai nuovi ingressi e lascerebbe fuori i parasubordinati (collaborazioni coordinate e partite Iva)[8]. Inoltre i contratti a tempo determinato non sparirebbero completamente, ma verrebbero limitati a reali esigenze di impiego di durata limitata e assoggettati a maggiori vincoli, tra cui l'imposizione ai datori di lavoro del pagamento di contributi più elevati per l'assicurazione contro la disoccupazione.

Ma non ci sono solo i problemi legati all'ingresso nel mercato del lavoro: manca in Italia anche una politica per la casa. Ciò penalizza ulteriormente l'autonomia dei giovani e ritarda la possibilità di formare una propria famiglia. Come di recente è stato fatto in Spagna (dove sono stati introdotti sussidi ai giovani che prendono una casa in affitto) andrebbe favorito il mercato degli affitti, data anche la maggior necessità di mobilità imposta dalle trasformazioni del mercato del lavoro. È infatti sempre più comune che i giovani debbano spostarsi sul territorio per cogliere le migliori opportunità di impiego e carriera. Ma l'esigenza di affitti più accessibili riguarda anche gli studenti universitari. Nel mondo anglosassone, ma non solo, almeno per gli studenti universitari, di norma la conquista di una propria autonomia abitativa arriva proprio in concomitanza con l'inizio della vita universitaria, quando vanno a vivere nei campus delle università più rinomate. Da noi invece la norma è l'essere «entro sede», ovvero rimanere a vivere con i genitori e accontentarsi di quanto offre l'università più vicina. Affitti più accessibili consentirebbero invece agli studenti di spostarsi più facilmente e ai più meritevoli di scegliere gli atenei migliori. Incentiverebbero inoltre i giovani italiani a essere più autonomi, più indipendenti, più dinamici. I costi abitativi elevati portano, infatti, da un lato, a rinunciare a frequentare sedi lontane e, dall'altro, a tornare a vivere con i genitori quando, conclusa l'università, ci si affaccia al mondo del lavoro. A fare le spese di questa grave stortura sono anche gli studenti stranieri, quelli che vorremmo riuscire ad attrarre nelle nostre università. Uno dei problemi più spesso denunciati da chi dall'estero viene a frequentare uno degli atenei italiani è proprio la difficoltà di trovare un appartamento a condizioni accettabili. Un mercato degli affitti più sviluppato e meno selvaggio renderebbe meno costoso per le famiglie italiane investire sulla formazione dei figli, più facile per i giovani italiani conquistare una propria autonomia, più accessibili gli atenei migliori ai talenti fuori sede e stranieri.

Infine, una proposta interessante, che mira ad aumentare la transizione all'autonomia riducendo le disuguaglianze di partenza, è quella avanzata da Massimo Livi Bacci[9]. L'idea è costituire per ogni nuovo nato un fondo nel quale far confluire sia un contributo dello stato sia contributi privati (di genitori, nonni, amici, ecc.) fiscalmente deducibili. Il fondo potrebbe essere utilizzato al momento del raggiungimento della maggiore età ed eventualmente integrato da un prestito di autonomia da utilizzare per obiettivi specifici. Si può pensare a un conto gestito dall'Inps al quale lo stato contribuisce ogni anno, fino ai 18 anni, con 1.000 euro per le fasce più deboli e un ammontare decrescente, ma comunque mai nullo, in funzione della ricchezza della famiglia[10]. L'idea è che dal beneficio del fondo non venga escluso nessuno, dato che si tratta di un aiuto di riduzione dai vincoli di dipendenza dai genitori e conquista di una propria autonomia rivolto al giovane stesso. Tramite una simile politica, i giovani verrebbero aiutati e responsabilizzati nella gestione di risorse proprie da investire nell'aumento delle opportunità formative e di lavoro. Si tratta di una misura che favorisce sia la famiglia di partenza che la formazione di una nuova famiglia: «un'autonomia meno tardiva alleggerisce la famiglia di origine di costi sia monetari che psicologici (l'ansia di "sistemare" la progenie)». Di questa misura dovrebbero beneficiare tutti i nati sul suolo italiano che rimangono nel nostro paese fino alla maggiore età. Uno strumento, quindi, a favore anche delle seconde generazioni.

2. Politiche a favore di una migliore conciliazione lavoro-famiglia

Come abbiamo evidenziato nelle pagine precedenti, esistono profondi squilibri non solo generazionali, ma anche di genere che si manifestano in varie asimmetrie e sprechi di risorse. In Italia le donne lavorano per il mercato meno degli uomini e per periodi più brevi della vita. Quelle che entrano nel mercato del lavoro sovente ne escono precocemente o alla nascita dei figli o per curare i genitori anziani. Inoltre hanno meno figli di quelli che vorrebbero.

Sono soprattutto le difficoltà di conciliazione che privano molte famiglie italiane del reddito di uno dei due partner, per lo più della donna, con gravi conseguenze sia sulle condizioni di vita che sulla fecondità desiderata. D'altronde, sia le donne che preferiscono dedicarsi totalmente alla cura della famiglia e dei figli sia quelle che vogliono dedicarsi esclusivamente alla carriera stanno diventando componenti limitate dell'universo delle donne adulte[11]. La stragrande maggioranza vorrebbe realizzarsi in entrambe tali dimensioni di vita, e ciò comporta esigenze di conciliazione tra maternità e lavoro sempre più pressanti.

Le donne italiane si trovano ad affrontare un *trade off* tra lavoro e famiglia particolarmente difficile in un contesto in cui il sistema di *welfare state* è limitato e carente, il mercato del lavoro rigido e inefficiente e l'aiuto dei partner ancora minimo.

Le politiche dovrebbero mirare con determinazione a sostenere le scelte delle famiglie e dei loro membri nella combinazione di lavoro, tempo libero, formazione e cura. Si tratta di contribuire a valorizzare le responsabilità di assistenza tra i diversi soggetti all'interno della famiglia.

Come sottolineano alcuni recenti studi sul welfare[12], le politiche della famiglia sono state tipicamente considerate «residuali» rispetto agli interventi orientati soprattutto alla difesa dei diritti dei lavoratori e di chi si è ritirato dal lavoro in un sistema dai più definito il «welfare dei pensionati». In altri paesi europei, in particolare nel Nord Europa e in Francia, invece, le politiche per le famiglie non sono solo oggetto di disquisizioni e dibattiti teorici, ma di serie sperimentazioni e di programmi innovativi. Ad esempio, il punto di forza delle politiche francesi sono i provvedimenti che combinano il sostegno alla famiglia con quello all'occupazione femminile.

In Svezia, l'impegno a garantire la possibilità di conciliazione risale ai primi anni Trenta, ai lavori di Alva e Gunnar Myrdal. Da allora, anni di sostegno delle scelte familiari tramite assegni alle famiglie, disponibilità di occupazioni part-time, congedi parentali generosi e condivisi tra madri e padri, disponibilità capillari di nidi hanno creato un contesto dove nelle famiglie si può lavorare in due senza rinunciare ad avere dei figli[13].

In altri paesi europei dove le esperienze di politiche di questo tipo sono più recenti, sono state investite somme considerevoli per la conciliazione e il sostegno alle famiglie che hanno già dato risultati molto evidenti o sono in procinto di darne. Non c'è solo il già citato caso della Francia: anche in Germania e Spagna, dove finora hanno prevalso modelli molto tradizionali di *welfare state* basato su un ruolo centrale delle donne all'interno delle mura domestiche, sono state avviate due riforme, settennale la prima e decennale la seconda, di incremento della rete dei servizi per l'infanzia, oltre che modifiche della normativa sui congedi parentali[14].

Perfino in paesi caratterizzati da un *welfare state* tradizionalmente poco generoso, come il Regno Unito, sono state introdotte varie iniziative a sostegno delle famiglie con figli piccoli, come ad esempio il *National Child Care Strategy*[15] durante il governo Blair. E sono state adottate misure di credito d'imposta per famiglie a basso reddito che lavorano e che hanno figli a carico: il *Working Tax Credit* (Wtc) e il *Child Tax Credit* (Ctc). Queste misure hanno prodotto risultati molto positivi sull'occupazione femminile, senza disincentivare la fecondità, e hanno aiutato un numero elevato di famiglie a uscire dalla povertà.

Il rapporto Ocse, *Growing Unequal? Income Distribution and Poverty in Oecd Countries*, presentato a Parigi il 21 ottobre 2008 ha mostrato che in pratica solo in Italia non sono state attuate politiche di sostegno alle famiglie[16].

Anzi, recenti interventi sono andati nella direzione opposta, cioè quella di esacerbare i divari tra uomini e donne. Ad esempio, la detassazione degli straordinari è un intervento a favore dei lavoratori che fanno (e possono fare) gli straordinari e quindi favorisce principalmente gli uomini, dato che per le donne, specie con figli minori, è difficile già lavorare con un orario normale a tempo pieno[17]. Inoltre, un intervento di questo tipo incentiva le imprese a usare maggiormente le ore di lavoro rispetto al numero di lavoratori, mentre il problema del mercato del lavoro italiano è il basso tasso di occupazione (specialmente femminile), non il basso numero di ore lavorate.

Un altro esempio riguarda la recente riforma della scuola dell'obbligo che prevede tagli dell'orario scolastico dal tempo pieno a 24 ore settimanali. Con la riduzione del tempo pieno scolastico si rallenta la tendenza verso una maggiore simmetria tra i genitori. Questo è particolarmente problematico in un contesto come il nostro, in cui a differenza di altri paesi, i tassi di occupazione femminile italiani sono già più bassi per le donne con figli e diminuiscono invece di aumentare al crescere dell'età dei figli[18].

In ogni caso, considerato l'enorme ritardo con cui l'Italia ha affrontato la questione delle politiche delle pari opportunità, si potrebbe affermare che qualsiasi politica avrà effetti benefici. Tuttavia, il crescente peggioramento delle risorse a disposizione delle famiglie e la gravità degli indicatori di disagio impongono interventi non solo urgenti, ma «ben mirati». Per ragionare su politiche di conciliazione che favoriscano il lavoro femminile senza disincentivare la fecondità, in assenza di valutazioni a priori dei loro possibili effetti, abbiamo come unico strumento le esperienze di altri paesi e le stime microeconomiche su vari contesti effettuate da recenti studi. Vediamo che cosa sappiamo del welfare italiano e che cosa possiamo auspicare alla luce dei dati illustrati finora.

Negli ultimi anni, nel nostro paese, la famiglia è stata al centro di un dibattito che ha riguardato di più la sua configurazione giuridica e pur importanti temi etici, ma meno la sperimentazione di politiche che riducano lo squilibrio di genere.

Rispetto al resto d'Europa, le famiglie italiane continuano a essere caratterizzate da una più bassa fecondità, da una minore partecipazione femminile al mercato del lavoro e da un'alta percentuale di nuclei con bambini sotto la soglia di povertà. La combinazione di questi fenomeni ha contribuito all'invecchiamento della popolazione, con annessi problemi di sostenibilità finanziaria per il *welfare state*, allo spreco delle risorse e del talento femminili, con effetti negativi sui redditi familiari e sulla produttività del paese, e a una crescente disuguaglianza tra le famiglie, schiacciate dalle difficoltà di conciliazione.

Alla luce dei dati discussi nei capitoli precedenti, ci sono tre ambiti di intervento dedicati alle famiglie con responsabilità di cura dei figli o di genitori e parenti anziani che potrebbero aiutare a superare questi limiti. Si tratta di obiettivi, in parte contenuti nelle raccomandazioni dell'Unione Europea, che riguardano una maggiore disponibilità di nidi per i bambini dagli 0 ai 3 anni, incentivi alla condivisione della cura dei figli fin dalla prima età e strumenti fiscali che favoriscano l'offerta di lavoro per tutte le famiglie con responsabilità di cura. In altri paesi, le politiche che si sono rivelate più efficaci offrono una combinazione di servizi per l'infanzia (asili nido) più adeguati, congedi parentali meglio pagati e più condivisi fra i coniugi, e crediti d'imposta al lavoro di cura per le donne che lavorano.

3. Più servizi per i bambini

In molti paesi europei, i nuclei in cui si lavora in due alla nascita dei figli possono scegliere tra più opzioni per organizzare la loro cura. Ad esempio, le madri possono decidere di occuparsi personalmente dei figli nei loro primi anni di vita utilizzando lunghi congedi parentali, con la possibilità di condividerli, almeno parzialmente, con il partner. Oppure possono scegliere di delegare parte della cura a servizi pubblici e privati e continuare a lavorare part-time. In Italia, invece, le alternative dei genitori sono decisamente più limitate: i congedi parentali sono più brevi e meno pagati, le opportunità di lavoro part-time sono più circoscritte e i servizi per i bambini con meno di tre anni sono pochi, costano più che in altri paesi e sono molto concentrati geograficamente.

La proporzione di posti nido disponibili (sul numero dei bambini in quella fascia di età) è tra le più basse d'Europa: circa l'11%, contro più del 50% in Danimarca e il 35-40% in Svezia e Francia[19]. Particolarmente problematica è la situazione nel Meridione, dove in alcune regioni la copertura non arriva nemmeno al 5%. Non a caso il Mezzogiorno è oggi non solo una delle aree dell'Europa occidentale con più bassa occupazione femminile, di poco superiore al 30%, ma anche una di quelle meno prolifiche, con circa 1,30 figli per donna.

Nel 2007 è entrato in vigore il «Piano straordinario asili nido»[20]. Il piano prevede uno stanziamento di 446 milioni di euro per il triennio 2007-09, a cui si aggiungono 281 milioni circa di cofinanziamento locale con l'obiettivo di realizzare 50 mila nuovi posti. Se tutte le risorse stanziate saranno utilizzate, si stima un incremento pari a circa 40 mila posti, a cui si aggiungono i circa 23 mila posti delle sezioni primavera (bambini di 2 anni e mezzo già ammessi alle scuole materne[21]). L'incremento permetterebbe di passare dall'attuale copertura dell'11,4 al 15%. Si tratta solo di un terzo rispetto all'obiettivo del 33% fissato dall'Agenda di Lisbona per il 2010, ma sarebbe già un grosso passo in avanti rispetto alla situazione attuale.

Ma il potenziamento dell'offerta dei servizi non passa solo tramite l'incremento del numero di posti. Gli orari degli asili pubblici sono più limitati che altrove e soprattutto nelle aree del Mezzogiorno; di conseguenza sono poco coerenti con l'orario di lavoro prevalente in Italia[22], ovvero un orario full-time particolarmente lungo rispetto al resto d'Europa[23].

La scarsa diffusione del part-time e degli orari flessibili fa sì che la scelta delle famiglie italiane, e in particolare delle donne, debba essere più radicale che altrove: o lavorare full-time o non lavorare affatto[24]. La situazione è ulteriormente peggiorata dal calendario scolastico annuale, che presenta problemi di compatibilità per molte famiglie. Infatti, sono pochi i lavori che garantiscono vacanze estive di due mesi o più, compatibili con quelle scolastiche. Senza dimenticare poi che in vari casi i bambini non possono contare su entrambi i genitori che vivono con loro o non hanno nonni che abitano vicini, e non tutti i nonni sono poi disponibili a dedicarsi a tempo pieno alla cura dei nipoti.

Finora i servizi pubblici per l'infanzia sono stati pensati come servizi complementari al «servizio» gratuito fornito dalle madri e dai nonni. Ma è divenuto necessario diversificare i servizi per rispondere alle esigenze delle diverse famiglie. Oltre ai nidi pubblici (comunali e statali) possono essere proposti nidi familiari, cooperative di genitori, aperti d'estate in varie forme, con un'attenzione anche alle nuove condizioni di lavoro di molti giovani genitori. Questo consentirebbe di ridurre i costi e le condizioni di razionamento dell'offerta.

Al problema della disponibilità di posti e degli orari dei nidi si affianca in Italia un problema di costi, che risultano infatti più alti che in altri paesi. Nel nostro paese il finanziamento pubblico copre circa l'80% dell'intero costo, mentre in Spagna e in Francia è tra il 90 e il 100%. I nidi privati hanno costi ancora più alti di quelli pubblici, specie nelle regioni del Nord. Se teniamo conto delle differenze tra le regioni italiane vediamo che un aumento dei sussidi al *child care* ha un effetto sull'utilizzo dei servizi per l'infanzia e sull'offerta di lavoro delle madri *solo* nelle zone dove gli asili nido sono più diffusi[25].

Il servizio pubblico e il servizio privato non sembrano poi essere perfetti sostituti: se si aumentassero i sussidi al nido pubblico fino a coprire il 100% del costo del servizio, l'utilizzo del servizio pubblico crescerebbe di appena 7 punti percentuali, quello privato resterebbe inalterato, mentre diminuirebbe di

TAB. 4.1. SIMULAZIONI DEGLI EFFETTI DELL'INTRODUZIONE DI UN SUSSIDIO AI NIDI SULL'OFFERTA DI LAVORO (VALORI PERCENTUALI)

	PARTECIPAZIONE FEMMINILE AL LAVORO	SUSSIDIO 50%	SUSSIDIO 100%
Regioni dove gli asili nido > 15%	61,5	+15,5	+26,5
Regioni <15%	40,8	+2,7	+5,4

fonte: D. Del Boca e D. Vuri, *The mismatch between employment and child care*, in «Journal of Population Economics», 4, 2007.

soli 7 punti percentuali l'utilizzo dell'aiuto di nonni o baby sitter. Le simulazioni condotte sulla disponibilità degli asili pubblici mostrano che se l'offerta aumentasse fino a toccare i valori della Danimarca, l'utilizzo del servizio pubblico aumenterebbe molto, quello del servizio privato diminuirebbe poco, mentre si ridurrebbe notevolmente l'uso di quello informale (nonni e baby sitter)[26].

I risultati delle nostre simulazioni mostrano, infine, che gli effetti variano anche a seconda del livello di istruzione. Un incremento del numero dei nidi del 10% farebbe aumentare la probabilità di lavorare solo del 7% per le donne più istruite e del 14% per le donne meno istruite.

L'aiuto dei nonni nella cura dei figli è ancora un fattore molto importante, sia come sostituto ai servizi formali che come sostegno al loro uso, laddove esistono rigidità e limiti dell'offerta. Diversamente dai servizi formali all'infanzia, l'aiuto dei nonni è flessibile per durata e per orari. Inoltre, essi offrono servizi a costo zero.

Come mostra una ricerca di Keck e Saraceno che confronta la Germania e l'Italia, nel nostro paese la vera condivisione della cura dei figli piccoli avviene con i nonni. Questo non dipende da una particolare maggiore disponibilità numerica di nonni rispetto agli altri paesi, ma dalla grande vicinanza geografica tra le famiglie giovani e almeno una delle due famiglie di origine, nonché dalla disponibilità dei nonni, e in particolare delle nonne, ad aiutare nella cura dei piccoli. In Germania solo il 7% dei bambini tra gli 0 e i 7 anni, quando non è a scuola o al nido, è accudito tutti i giorni da una nonna/o contro il 24% dei coetanei italiani[27].

Pertanto, il sistema di aiuti familiari, favorendo in modo significativo la conciliazione del lavoro con le responsabilità di cura verso i figli, rende meno vincolate le scelte di lavoro e di fecondità. I risultati ottenuti dai nostri studi condotti sui dati dell'European Panel Household Survey mostrano che nelle famiglie dove i nonni convivono con la coppia giovane le donne lavorano di più e hanno più figli[28].

Ma nel prossimo futuro i nonni in grado di curare i nipoti a tempo pieno potrebbero diminuire, sia perché cambierà la disponibilità delle nuove generazioni dei nonni per la maggiore propensione al lavoro delle donne di cinquant'anni e oltre, sia perché le riforme previdenziali tendono ad innalzare l'età della pensione per entrambi i generi, sia inoltre per la maggiore mobilità lavorativa che ridurrà la prossimità tra generazioni. Anche per questi motivi sarà ancor più necessario pensare a una rinnovata disponibilità di nidi.

Per impostare correttamente una politica, bisognerebbe procedere alla valutazione degli effetti degli interventi e chiedersi se effettivamente permettano il raggiungimento degli obiettivi prefissati. La domanda che i *policy makers* dovrebbero porsi è la seguente: un aumento del numero di posti disponibili porterebbe le famiglie italiane a utilizzare effettivamente gli asili? E in caso affermativo, tale utilizzo renderebbe più facile per le donne restare sul mercato del lavoro dopo la nascita dei figli? Non è possibile dirlo in mancanza di un disegno di valutazione di impatto scientificamente valido, un grave limite che accompagna praticamente ogni scelta di politica sociale in Italia. Se in altri paesi avanzati la valutazione di politiche è pratica corrente e consolidata, in Italia le esperienze sono state frammentarie o nulle[29]. Tuttavia, vi sono recenti studi empirici che, pur non avendo la validità di una sperimentazione, analizzano gli effetti di variazioni nei costi, nella tipologia e nell'accessibilità del *child care* sul suo utilizzo e sull'offerta di lavoro femminile, e che ci sono d'aiuto nel pensare a come e dove costruire più asili e in quale forma.

La mancanza di dati adeguati non ha purtroppo permesso di investigare una dimensione molto importante della domanda di servizi per l'infanzia: la preferenza delle famiglie. Ad esempio, nel Mezzogiorno dove, come evidenziato in precedenza, esiste un serio problema di «razionamento» del servizio, la percentuale di bambini (0-3 anni) in lista di attesa è tra le più basse in Italia, il che induce a pensare che il razionamento scoraggi la domanda o che le preferenze delle famiglie siano diverse. Nel Mezzogiorno la domanda di lavoro è bassa e quindi ci sono meno mamme lavoratrici.

Inoltre esistono ancora forti resistenze all'utilizzo del nido, in parte dovute alla convinzione, radicata e legata a un contesto dove finora le alternative sono state poche e non sempre di alta qualità, che i figli piccoli stanno meglio con le loro madri.

Una recente analisi della Banca d'Italia[30] mostra una relazione positiva tra ricettività delle strutture pubbliche esistenti e dimensione delle liste di attesa per accedervi. Confrontando l'andamento delle domande di ammissione e dei posti disponibili si evidenzia come le liste di attesa presso le strutture pubbliche, anziché ridursi, spesso si allungano all'aumentare dei posti disponibili.

Una indagine della Fondazione Debenedetti ha mostrato che, anche se una proporzione di famiglie non usa il nido per i costi troppo elevati, la scarsa disponibilità o la bassa qualità del servizio offerto (specie per i nidi privati), prevale comunque l'idea che i figli piccoli crescano meglio negli ambienti familiari.

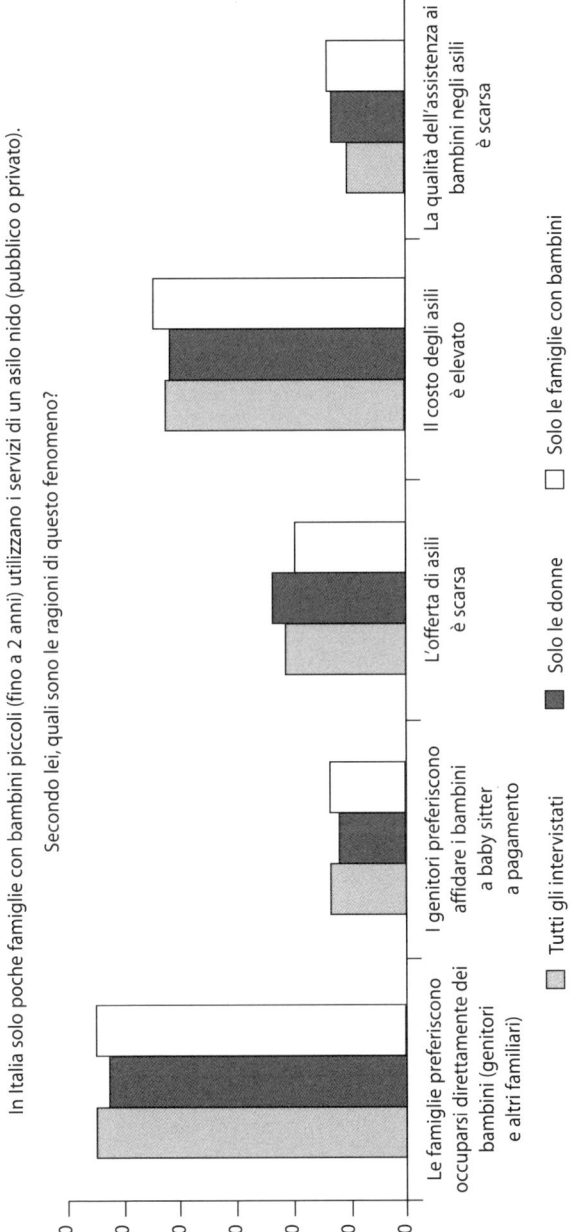

FIG. 4.1. Valutazioni degli asili.

fonte: Fondazione Debenedetti, 2005.

Il dato è confermato anche da quanto riportato dalla *World Values Survey*, che mostra come in Italia un numero più elevato di famiglie rispetto agli altri paesi europei ritenga che i bambini piccoli soffrano se stanno all'asilo e la madre lavora: nell'80% in Italia, mentre nella maggior parte dei paesi oscilla tra il 40 e il 60% fino ad arrivare al 18% in Danimarca, dove da più tempo c'è una tradizione di forte presenza di nidi.

Le graduatorie europee mettono d'altronde l'Italia al decimo posto (su 15) per qualità del servizio: ad esempio, mentre in Danimarca ci sono tre bambini per insegnante, in Italia il rapporto è raddoppiato. I dati indicano che nelle regioni dove la qualità e la diversità dell'offerta sono alte, Emilia-Romagna *in primis*, è maggiore la fiducia dei genitori negli asili e crescente la domanda di servizi, mentre nelle regioni del Sud avviene l'opposto.

Il mancato utilizzo dell'asilo nido riflette prevalentemente una libera determinazione legata a resistenze culturali spesso associate a situazioni di assenza dei servizi. Inoltre, ogni indagine mostra che la domanda tende a crescere con l'offerta, almeno fino a una certa soglia: più ci sono posti nido, più bambini ci vanno, più viene considerato normale mandarceli. Chi definisce la rinuncia al nido una scelta obbligata, circa il 30% delle madri che non fanno ricorso a strutture pubbliche o private, dichiara fenomeni di esplicito razionamento e scoraggiamento (ora per assenza o eccessiva distanza degli asili, ora per la loro scarsa capienza), mentre per la maggioranza prevale una sfavorevole combinazione di costo/qualità: quindi, in senso lato, si tratta di una scelta motivata. L'incidenza rilevante di fattori diversi dal puro razionamento trova conferma nell'Indagine sui bilanci delle famiglie condotta dalla Banca d'Italia: gli elevati costi di iscrizione e l'insoddisfazione per i metodi didattici rientrano tra le prime due ragioni che hanno influito sulla scelta di non mandare il bambino al nido[31].

Tuttavia, come molte ricerche comparate hanno messo in luce, i servizi per l'infanzia, e altri usati dalla famiglia, devono essere concepiti non solo come servizio ai genitori, ma anche come un investimento sui bambini, per allargarne la socialità in un mondo in cui è più facile che abbiano nonni che non fratelli, sorelle e cugini. In alcuni paesi, ad esempio nel Regno Unito, in Germania, Svezia e Stati Uniti, sono stati condotti studi economici che hanno cercato di misurare l'effetto sul benessere psicofisico dei bambini dell'utilizzo del *child care* e dell'assenza della madre e su queste stime si sono basati importanti esperimenti di politiche per l'infanzia. Gli studi indicano come questo effetto vari a seconda del tipo di famiglia, del tipo di nido e del tempo e ruolo dei genitori[32]. I risultati mostrano che laddove esista un effetto negativo, questo si vanifica quando le madri lavorano part-time invece di full-time, quando i genitori sono istruiti e, quindi, in grado di compensare con la qualità il minor tempo passato coi figli e quando il *child care* è di qualità elevata.

4. Più condivisione nella cura dei figli piccoli

In Italia, la cura dei figli continua a essere un compito quasi esclusivo della madre, e questo nonostante il diritto all'astensione facoltativa dal lavoro sia ormai acquisito anche per il lavoratore padre grazie alla legge 53/2000.

L'indagine Istat Multiscopo sull'uso del tempo delle famiglie italiane riferita al 2002-03, pubblicata nel 2007, mette in evidenza l'asimmetria tra i due sessi nella propensione a usufruire del congedo parentale. Sul totale delle astensioni degli occupati dipendenti con figli da 0 a 8 anni, solo il 23% delle assenze per malattia del figlio e il 14% di quelle per altri motivi sono usufruiti dai padri, nonostante gli incentivi previsti dalla legge, come ad esempio il diritto autonomo al congedo parentale paterno anche nel caso in cui la madre sia disoccupata o collaboratrice familiare, e l'opportunità di poter usufruire di un mese in più di congedo rispetto alla madre. Confrontando i dati per i due sessi, risulta che il numero medio di giorni richiesti dagli uomini è inferiore di oltre la metà rispetto a quello richiesto dalle donne. Infatti, gli uomini hanno preso in media 22 giorni e le donne 48.

Nel settore privato il tasso di fruizione del congedo parentale è inferiore rispetto al settore pubblico. Un fenomeno che può essere spiegato dal trattamento economico, migliore nel pubblico, dove, a differenza del privato, il primo mese di congedo è retribuito al 100% dello stipendio.

Se confrontiamo questi dati con gli altri paesi europei, vediamo che in media la quota dei padri che usufruiscono del congedo non supera comunque il 10%. Soltanto in Svezia, Norvegia e Olanda il tasso di utilizzo è decisamente superiore. In Svezia, il primo paese ad aver introdotto il congedo parentale, nel 1974, ha prevalso l'idea che debbano essere i genitori a prendersi cura dei bambini più piccoli. Tale concezione si è tradotta in una legislazione che dà priorità sia alla durata sia alla retribuzione del congedo, come pure a una più equa distribuzione del diritto all'astensione tra padri e madri, tramite una quota riservata separatamente ad ambedue i genitori. Anche la durata massima del congedo differisce in modo rilevante: nella maggior parte dei paesi è di sei mesi, ma si può arrivare fino a tre anni, ad esempio in Francia, Germania e Spagna.

Come mostra la tabella 4.2, in due paesi, Gran Bretagna e Spagna, non è riconosciuto alcun diritto a ricevere una retribuzione durante i periodi di congedo. Negli altri è previsto un compenso più o meno generoso: in Francia, ad esempio, tale diritto è più limitato per il primo figlio e scatta pienamente

TAB. 4.2. CONGEDI PARENTALI IN ALCUNI PAESI EUROPEI

	DURATA TOTALE (MESI)	% PAGATA DEL SALARIO	ETÀ LIMITE DEL FIGLIO (ANNI)	PERIODO IN CUI IL LAVORO È PROTETTO (% DEL PERIODO TOTALE)
Svezia	18	80	4	100
Finlandia	36	66	9	100
Francia	36	26	3	100
Italia	11	30	8	100
Danimarca	11	60	8	100
Spagna	36	0	3	33
Regno Unito	8	0	5	100

fonte: J. De Henau, D. Meulders e S. O'Dorchai, *Parents' care and career: Comparing parental leave policies*, in D. Del Boca e C. Wetzels (a cura di), *Social Policies, Labour Markets and Motherhood: A Comparative Analysis of European Countries*, Cambridge, Cambridge University Press, 2008.

solo dal secondo; in Germania, come in Italia, il congedo è retribuito in modo più elevato durante il primo periodo e, successivamente, in misura minore e solo in caso di reddito molto basso.

In tale situazione, non c'è da meravigliarsi che, quando lavorano, siano quasi esclusivamente le madri a usufruire dei congedi parentali. Tuttavia, quando il reddito familiare è insufficiente, anche per le madri lavoratrici diventa un problema astenersi dal lavoro per periodi troppo lunghi, con conseguente perdita di salario. Un aumento dell'indennità di paternità e maternità potrebbe quindi rappresentare una buona misura per incentivare l'utilizzo di questo istituto da parte di ambedue i genitori, più che allungare periodi di fruizione del congedo. Infine, si potrebbe riservare una parte del congedo parentale ai padri, come accade in Svezia e Norvegia, e in Germania dal 2007, dove trenta giorni sono a beneficio esclusivo del padre e vanno persi se non vengono utilizzati da lui. Tutto ciò, unito alla possibilità di ripartire il congedo parentale in modo flessibile tra i genitori, ad esempio con due congedi part-time, come già accade in molti paesi del Nord Europa, aiuterebbe a riequilibrare il carico familiare tra i coniugi e a tenere le donne sul mercato del lavoro anche dopo la nascita dei figli. In Italia, il congedo è di undici mesi. Se il padre ne prende almeno tre, viene aggiunto un altro mese; tuttavia questo è possibile in part-time verticale (un giorno per volta), ma non orizzontale come in altri paesi.

Secondo alcune recenti stime[33], un incremento della durata del congedo parentale porterebbe a un aumento della probabilità di lavorare per le donne più istruite, ma non avrebbe quasi nessun effetto per quelle meno istruite, che possono verosimilmente usufruire meno del congedo parentale sia perché è pagato solo al 30% del salario (la tendenza ad anticipare il rientro al lavoro è tipica delle madri del Mezzogiorno e con bassa istruzione), sia perché non è disponibile per tutti i tipi di contratto.

Gli interventi che riteniamo più efficaci sono quelli che cercano di favorire il contributo dei partner nella cura dei figli. L'aiuto dei padri è aumentato in modo rilevante solo in paesi dove è stato incentivato economicamente, ad esempio in Danimarca e Svezia, con effetti positivi sulla fecondità e sui risultati scolastici e comportamentali dei figli[34].

Come è stato dimostrato da una serie di studi, un'offerta adeguata di *child care* combinata con congedi parentali non troppo lunghi (6-8 mesi), ma pagati in modo adeguato, ha gli effetti più significativi sia sulla partecipazione delle mamme al lavoro che sulla fecondità[35]. In particolare, ci sembrano importanti gli strumenti che prevedono utilizzi flessibili dei congedi parentali a metà tempo per entrambi i genitori. Vanno nella direzione di una più equa distribuzione dei carichi di cura nella famiglia e di una maggiore simmetria nel mercato del lavoro, riducendo la penalizzazione nelle politiche di assunzione e nel trattamento lavorativo, mentre lunghi congedi presi solo dalle mamme possono avere effetti negativi sulla loro permanenza sul mercato del lavoro.

5. Più valorizzazione del lavoro di cura

Il lavoro di cura dei familiari diventa particolarmente oneroso quando ci sono bambini piccoli o genitori anziani non autosufficienti. È in queste fasi del ciclo di vita che le donne sono più a rischio di ridurre l'orario lavorativo o lasciare il mercato del lavoro *tout court* e, quindi, di far mancare alla famiglia una seconda importante fonte di reddito.

Uno strumento per incentivare l'utilizzo di servizi che permettono di delegare parte di questo lavoro è il credito di imposta per la cura dei figli e dei genitori anziani[36].

Diretto alle donne, il credito dovrebbe consentire il rimborso di parte delle spese per la cura, se documentate e quindi svolte in modo ufficiale, a condizione che le donne abbiano un'attività lavorativa. Questa misura potrebbe incentivare da un lato l'offerta di lavoro e dall'altro l'utilizzo di servizi di cura in forme di lavoro regolare, scoraggiando invece gli impieghi nel sommerso[37]. Può, infatti, permettere alle donne che lavorano di comprare sul mercato i servizi di assistenza per gli anziani e di far frequentare ai figli gli asili nido, anche quando il loro reddito da lavoro di per sé non sarebbe sufficiente a garantire l'accesso a questi servizi.

Come abbiamo visto in precedenza nella discussione sulle resistenze culturali all'utilizzo dei servizi per l'infanzia, si tratta di un problema non solo economico. E per questo il credito dovrebbe essere diretto solo alle donne. La maggior parte degli studi che analizzano separatamente gli effetti delle risorse economiche di padri e madri sulle spese familiari dimostra che quando aumentano le risorse a disposizione delle madri, aumentano anche le spese per i figli (per salute, istruzione, ecc.) e le risorse sono più egualmente ripartite tra figlie femmine e figli maschi. Nel nostro paese permangono modelli culturali che ritengono le mamme e le figlie le migliori, e pressoché uniche, curatrici dei bambini e degli anziani e che pertanto associano varie forme di sanzione sociale, specialmente in alcune aree del paese, a chi si affida a servizi di cura acquisiti sul mercato per i propri bambini piccoli o familiari anziani non autosufficienti.

Se i due sessi hanno uguali diritti e doveri davanti alla legge, quando si tratta di aver cura degli altri ci si aspetta in realtà di più dalle donne che dagli uomini. Se il credito incentivasse più donne a utilizzare i servizi, diminuirebbe la sanzione sociale. Ma la misura stimolerebbe anche un incremento dei servizi alle famiglie che avrebbe riflessi sull'occupazione femminile[38]. Questi effetti sono coerenti con le conclusioni di vari studi che auspicano che si innesti anche in Italia un circolo virtuoso che partendo dall'incremento dell'occupazione femminile crei altra occupazione, come avviene da anni in altri paesi europei. Gli incentivi alla formazione di un mercato dei servizi alle famiglie sono diffusi in molti paesi. In Francia ad esempio il «Piano straordinario per lo sviluppo dei servizi alle persone e famiglie» del 2005 ha previsto la costituzione di un'agenzia che coordina, promuove, valuta e accredita i prestatori di servizi, riducendo così i problemi di qualità delle prestazioni.

La proposta del credito di imposta avrebbe un ulteriore effetto, particolarmente importante per il nostro paese: l'emersione di una parte del lavoro nero, che si concentra ai livelli di reddito inferiore. Con il sistema attuale, molti lavoratori scelgono di accettare un lavoro irregolare per convenienza, per mettersi in tasca parte delle imposte e dei contributi che dovrebbero altrimenti essere pagati. Il fatto di dover documentare le spese per la cura di figli o parenti anziani servirebbe a far emergere attività oggi sommerse, ad esempio il lavoro delle baby sitter e delle badanti, contribuendo a finanziare la misura stessa anche con l'ampliamento della base contributiva. Il sistema ricalca quanto introdotto nel Regno Unito con il Wtc o con il Ctc. Pur essendo rivolte alle famiglie a basso reddito, queste misure hanno avuto un impatto di forte incentivo alla partecipazione femminile al mondo del lavoro, spingendo molte famiglie a uscire dalla trappola della povertà, senza riflessi negativi sui tassi di fecondità.

Ma lo strumento potrebbe essere interessante anche per le famiglie italiane che fronteggiano le esigenze di cura di una popolazione anziana crescente in un welfare informale che ha finora approfittato di un largo settore di immigrazione irregolare che si offre a basso prezzo[39].

Innanzitutto, il numero di anziani che non potranno contare su un familiare che organizzi e supervisioni il lavoro della badante è destinato a crescere, per l'assottigliarsi delle dimensioni familiari, l'instabilità coniugale e l'incremento della mobilità geografica che riduce la prossimità tra genitori e figli. In secondo luogo, i flussi di immigrati/e temporanei, o comunque a breve termine dai paesi dell'Est, sono verosimilmente destinati a ridursi, anche per le caratteristiche evolutive demografiche di tale area[40], non appena riprenderà la crescita economica di questi paesi.

Se, come abbiamo visto, il congedo parentale è infine poco retribuito, ancor meno è riconosciuto il lavoro di cura prestato per i parenti anziani. Il diritto ad un congedo esiste solo nel caso di un figlio non autosufficiente (non remunerato e con una durata massima di due anni). Nel caso di assistenza ad anziani disabili, i contributi coprono al massimo i 25 giorni annuali di permesso consentito, e solo se la persona non autosufficiente convive con la lavoratrice/lavoratore.

note

[1] Si veda, ad esempio, L. Guerzoni (a cura di), *La riforma del welfare. Dieci anni dopo la «Commissione Onofri»*, Bologna, Il Mulino, 2008.

[2] H.-P. Blossfeld, E. Klijzing, M. Mills e K. Kurz (a cura di), *Globalization, Uncertainty and Youth in Society*, London, Routledge, 2005.

[3] C. Saraceno, *Dalla istituzionalizzazione alla de-istituzionalizzazione dei corsi di vita femminili e maschili?*, in «Stato e mercato», 3, dicembre, 1991, pp. 431-450; C. Saraceno, *Elementi per un'analisi delle trasformazioni di genere nella società contemporanea e delle loro conseguenze sociali*, in «Rassegna Italiana di Sociologia», XXXIV, 1, 1993, pp. 19-54; C. Saraceno, *I paradossi della flessibilità: una prospettiva di genere e generazionale*, in M. Magatti e G. Follin (a cura di), *Percorsi di lavoro flessibile*, Roma, Carocci, 2002, pp. 220-230.

[4] R.F. Pizzuti, *Rapporto sullo stato sociale 2008. Il tendenziale slittamento dei rischi sociali dalla collettività all'individuo*, Torino, Utet, 2008.

[5] F. Berton, M. Richiardi e S. Sacchi, *Flex-insecurity, dalla flessibilità alla precarietà*, in www.lavoce.info, 28 novembre 2008.

[6] A. Garnero, *Reddito minimo alla francese*, in www.lavoce.info, 13 gennaio 2009.

[7] T. Boeri e P. Garibaldi, *Un nuovo contratto per tutti*, Milano, Chiarelettere Editore, 2008.

[8] Alcuni limiti sono segnalati in M. Leonardi e M. Pallini, *Contratto unico contro la precarietà*, in www.nelmerito.com, 19 febbraio 2008.

[9] M. Livi Bacci, *«Avanti giovani, alla riscossa». Come uscire dalla crisi giovanile in Italia*, Bologna, Il Mulino, 2008.

[10] «Il costo, a regime, a carico dello stato varrebbe lo 0,4% del Pil. Un giovane che beneficiasse dell'intero contributo pubblico annuale e dell'equivalente contributo privato, a 18 anni (con un tasso d'interesse reale del 2%) avrebbe una disponibilità pari a circa 43 mila euro; nel caso di erogazione annuale di 1.000 euro la somma sarebbe di 21.500 euro».

[11] C. Hakim, *Key Issues in Women's Work: Female Heterogeneity and the Polarisation of Women's Employment*, London, Continuum Press, 1996.

[12] M. Naldini, *The Family in the Mediterranean Welfare States*, London, Portland, 2003; C. Saraceno, *Mutamenti della famiglia e politiche sociali in Italia*, Bologna, Il Mulino, 2003.

[13] Alva e Gunnar Myrdal hanno scritto *Crisis in the Population Question* nel 1934 quando il tasso di fecondità in Svezia era sceso per la prima volta (fino ad arrivare a 1,7 figli per donna) nel 1931-35. Secondo i Myrdal senza l'intervento di politiche pubbliche non sarebbe stato possibile ripristinare un tasso almeno di parità. Tra le loro proposte: sussidi all'abitazione per le famiglie numerose, mensa gratuita per tutti i bambini, sconti per alcuni prodotti base e nidi gratuiti.

[14] In Germania la normativa sui congedi ha inserito una sorta di *trade off* tra congedo lungo (fino a tre anni) a bassissima compensazione e congedo di un anno al massimo remunerato al 67%.

[15] Per maggiori informazioni si veda www.number10.gov.uk/Page1430.

[16] Oecd, *Growing Unequal? Income distribution and Poverty in Oecd Countries*, Paris, 2008.

[17] D. Del Boca, *Le donne restano a casa*, in www.lavoce.info, 16 maggio 2007.

[18] D. Del Boca e S. Pasqua, *I tempi diversi di scuola e famiglia*, in www.lavoce.info, 14 novembre 2008.

[19] Per un confronto tra le varie politiche destinate alle famiglie con figli piccoli vedi J. Gornick e M. Meyers, *Families That Work: Policies for Reconciling Parenthood and Employment*, New York, Russell Sage, 2003 e J. De Henau, D. Meulders e S. O'Dorchai, *Parents' care and career: Comparing parental leave policies*, in D. Del Boca e C. Wetzels (a cura di), *Social Policies, Labour Markets and Motherhood: A Comparative Analysis of European Countries*, Cambridge, Cambridge University Press, 2008.

[20] Per maggiori informazioni, www.politichefamiglia.it.

[21] Per maggiori informazioni, www.pubblica.istruzione.it/sezioni_primavera.shtml.

[22] Henau, Meulders e O'Dorchai, *Parents' care and career*, cit.

[23] Il problema dell'orario ritorna ad essere problematico negli anni della scuola elementare.

[24] Il lavoro part-time in Italia è cresciuto di recente, ma rimane molto più basso del resto d'Europa. In media è diffuso tra le donne con istruzione medio-bassa: il 14% delle donne che lavorano part-time è laureato rispetto al 23% di quelle full-time.

[25] D. Del Boca e D. Vuri, *The mismatch between employment and child care*, in «Journal of Population Economics», 4, 2007.

[26] D. Del Boca, M. Locatelli e D. Vuri, *Child care choices of Italian households*, in «Review of Economics of the Household», 3, 2005, pp. 453-477.

[27] W. Keck e C. Saraceno, *Grandchildhood in Germany and Italy: An exploration*, in A. Leira e C. Saraceno (a cura di), *Childhood: Changing Contexts*, Billingley, Emerald/Jai Press, 2008, pp. 144-163.

[28] D. Del Boca, S. Pasqua e C. Pronzato, *Motherhood and employment in institutional contexts: An European perspective*, in «Oxford Economic Papers», 3, 2009.

[29] Gli Stati Uniti offrono il panorama più a larga scala, di valutazione di politiche del lavoro e di welfare, con le prime esperienze che risalgono già alla seconda metà degli anni Sessanta. Ma pratiche consolidate e sistematiche di valutazione degli effetti di politiche si riscontrano ormai anche in molti paesi europei inclusa la Germania: U. Trivellato, *Cambiamenti del lavoro, protezione sociale e politiche attive del lavoro*, in *Regolazione, welfare e politiche attive del lavoro*, Commissione di indagine sul lavoro, Roma, Cnel, 2008.

[30] F. Zollino, *Il difficile accesso ai servizi di istruzione per la prima infanzia in Italia: i fattori di offerta e di domanda*, Banca d'Italia, 2008.

[31] Sulla base delle indagini Istat e Banca d'Italia, quasi due terzi delle

famiglie con figli piccoli preferiscono occuparsi direttamente dei bambini, circa il 19% desidera e riesce ad accedere al nido, e il 23% circa è esplicitamente o implicitamente razionato.

[32] J. Ermisch e M. Francesconi, *Parental employment and children welfare*, in Boeri, Del Boca e Pissarides, *Women at Work*, cit.

[33] Del Boca, Pasqua e Pronzato, *Motherhood and employment in institutional contexts*, cit.

[34] J. Bonke e G. Esping Andersen, *Parental investment in Children. How bargaining and educational homogamy affect time allocation*, in DemoSoc Working Paper n. 20, 2007; F. Zaiczyk ed E. Ruspini, *Nuovi padri? Mutamenti della paternità in Italia e in Europa*, Milano, Baldini Castoldi Dalai, 2008.

[35] Del Boca, Pasqua e Pronzato, *Motherhood and employment in institutional contexts*, cit.

[36] T. Boeri e D. Del Boca, *Chi lavora in famiglia*, in www.lavoce.info, 2007.

[37] Il credito di imposta per i familiari a carico dovrebbe coprire il 70% delle spese effettivamente sostenute per la cura dei figli (sia nel settore pubblico che nell'ambito di istituti privati), fino a un limite massimo predeterminato, ad esempio 3 mila euro. La concessione di un credito d'imposta anziché di un trasferimento avrebbe il vantaggio di incentivare forme di lavoro regolare, scoraggiando invece gli impieghi nel sommerso. Tuttavia, per chi non supera il reddito minimo imponibile, il credito d'imposta dovrebbe essere concesso come trasferimento diretto.

[38] La proporzione di occupazione nei servizi socioeducativi e sociosanitari alle famiglie è in Italia peraltro molto più bassa che in altri paesi.

[39] La responsabilità di cura degli anziani si traduce in un declino dei tassi di attività delle donne 55-64enni; si veda A. Marenzi e L. Pagani, *The impact of elderly parents on labour market participation of Italian women*, in «Rivista di Politica Economica», 3-4, 2005.

[40] C. Bonifazi, *Un'Italia sempre più straniera e con sempre più rumeni*, in www.neodemos.it, 5 novembre 2008.

Conclusioni

In queste pagine abbiamo indicato quelli che a nostro avviso sono tra i maggiori fattori alla base degli squilibri di genere, generazionali e geografici del sistema italiano. Abbiamo cercato di spiegare perché questi squilibri non solo diano luogo ad una società più diseguale ed iniqua ma producano anche sprechi di risorse e di capitale umano con effetti negativi sullo sviluppo sociale e la crescita economica.

Le famiglie italiane si trovano strette tra i limiti, da un lato, di un welfare che (pur essendo quasi universale nella scuola, nella sanità e nella previdenza) risulta manifestamente inadeguato nel sostenere le scelte di vita e proteggere dai nuovi rischi e, dall'altro, di un mercato del lavoro rigido e inefficiente, che offre poche prospettive ai giovani, alle donne e alla popolazione matura. Con inoltre un sistema scolastico dal quale si esce, rispetto agli altri paesi sviluppati, in media più tardi e meno preparati.

In carenza di politiche incisive, coerenti ed integrate le condizioni delle nuove generazioni e delle famiglie sono in questi ultimi decenni via via peggiorate, fino ad arrivare alla situazione attuale resa ancor più grave dagli effetti della crisi internazionale.

Abbiamo discusso di come sia opportuno e auspicabile intraprendere alcune azioni quali, in particolare, rendere più facile l'autonomia e la formazione della famiglia da parte dei giovani e la conciliazione tra lavoro familiare e occupazione di entrambi i coniugi. Si tratta di un complesso di politiche con costi iniziali anche rilevanti, ma che verrebbero ampiamente ripagati nel corso del tempo dai frutti di un sistema più virtuoso e meno squilibrato.

Un limite del nostro paese è che, a differenza di altri, non sono mai state attuate vere sperimentazioni di politiche che consentano una verifica. In mancanza di un disegno di valutazione di impatto scientificamente valido, non è possibile discriminare tra ciò che può funzionare meglio o peggio, soprattutto in condizione di risorse limitate. Tuttavia, vi sono recenti studi empirici che, anche in assenza di sperimentazione in senso stretto, consentono di valutare gli effetti casuali di importanti variabili. Lo stesso confronto con paesi a noi simili, come la Francia e la Spagna, ci aiuta a riconoscere strade praticabili e a trarre spunto per possibili misure nel contesto italiano.

È però senz'altro vero, come sostengono di recente non solo sociologi e antropologi ma anche economisti[1], che la cultura riveste un ruolo cruciale nel condizionare i comportamenti individuali e le scelte politiche. Per aver successo nella direzione attesa gli interventi devono tener conto delle specificità nazionali e subnazionali. Esistono del resto – come anche documentato dai dati delle *World Values Surveys*, ma non solo – differenze importanti in termini di percezioni e atteggiamenti tra paesi.

Le famiglie italiane sono da così tanto tempo abituate ad arrangiarsi, a fare da sole, da aver consolidato quasi una resistenza mentale nel pensarsi come destinatarie da parte pubblica di aiuti e servizi, coerentemente con una visione dell'azione dello stato tradizionalmente limitata alla dimensione assistenzialistica. La lunga dipendenza dei giovani dalla famiglia di origine, il forte ricorso ai nonni per l'accudimento dei bambini, la stessa rinuncia all'occupazione femminile per le necessità di assistenza nella rete parentale, sono in parte anche il risultato di tale atteggiamento. L'idea di una domanda di strumenti pubblici non solo di assistenza, ma anche e soprattutto di promozione e sostegno delle scelte familiari, ai quali far rispondere anche adeguati standard di qualità, richiede l'elaborazione di un nuovo modello culturale, che sia alla base di un'alleanza virtuosa tra stato e famiglie.

Gli interventi proposti in queste pagine non sono certo in grado, da soli, di modificare tutto il peso e la geografia degli squilibri di genere e di generazione. Sono però esempi di passi importanti nella direzione di favorire un cambiamento che possa rendere il nostro paese più efficiente e meno iniquo.

nota

[1] R. Fernandez, *Women, work and culture*, in «Journal of the European Economic Association», 5, 2-3, 2007, pp. 305-332; A. Alesina e P. Giuliano, *The Power of the Family*, IZA DP 2750, 2007.

Abstract

FAMILIES ON THEIR OWN
SURVIVING AN INEFFICIENT WELFARE SYSTEM

All countries face a trade-off between equity and efficiency in designing and maintaining societal institutions. However, unlike other Western European nations, Italy manages to combine a very limited social welfare system with extremely inefficient labour market institutions that inhibit job and wage growth and discourage innovation.

Italy is particularly distant from the relative efficiency of the Anglo-Saxon labour market, the income equality generated by the generosity of the French welfare system, and the gender parity produced by the legal and cultural institutions in Scandinavian countries. The long-time inefficiency of the Italian labour market has been attributed to its rigidity and the protection of insiders relative to outsiders.

In the last few years several reforms have reduced labour market rigidity in Italy, yet labour market opportunities for youth and women have not improved. Several barriers persist that create profound inequalities across generations, genders, and regions of the country.

Public policies, long absent in Italy, should be designed to redress these group differences in labour market and welfare outcomes. Avenues that have not been actively pursued include giving priorities in job placement and training to youth and women, with special emphasis on improving the situation in the South of Italy. Without a change in the system, old social and cultural forces will continue to erect strong barriers to labour market change and the improvement in life chances of those groups who have few educational or occupational opportunities. The reduction of inequalities between women and men, young and old, and residents of the South and North requires policy-making approaches that acknowledge the importance of assisting and strengthening families and creating opportunities and incentives for economic and societal innovation.

Finito di stampare nel giugno 2009
dalla litosei, via rossini 10, rastignano, bologna
www.litosei.com

contemporanea

ultimi volumi pubblicati:

157. Sergio Fabbrini, *L'America e i suoi critici. Virtù e vizi dell'iperpotenza democratica*
158. Luca Ricolfi, *Dossier Italia. A che punto è il «Contratto con gli italiani»*
159. Luigi Campiglio, *Prima le donne e i bambini. Chi rappresenta i minorenni?*
160. Lucia Savadori e Rino Rumiati, *Nuovi rischi, vecchie paure. La percezione del pericolo nella società contemporanea*
161. David Held, *Governare la globalizzazione. Un'alternativa democratica al mondo unipolare*
162. Ronald Dore, *Il lavoro nel mondo che cambia*
163. Anna Bosco, *Da Franco a Zapatero. La Spagna dalla periferia al cuore dell'Europa*
164. Massimo Paci, *Nuovi lavori, nuovo welfare. Sicurezza e libertà nella società attiva*
165. David Crystal, *La rivoluzione delle lingue*
166. Angelo Agostini, *«la Repubblica». Un'idea dell'Italia (1976-2006)*
167. Antonio Roversi, *L'odio in Rete. Siti ultras, nazifascismo online, jihad elettronica*
168. ITANES, *Sinistra e destra. Le radici psicologiche della differenza politica*
169. Luca Ricolfi, *Tempo scaduto. Il «Contratto con gli italiani» alla prova dei fatti*
170. Mauro Barisione, *L'immagine del leader. Quanto conta per gli elettori?*
171. Luciano Vandelli, *Psicopatologia delle riforme quotidiane. Le turbe delle istituzioni: sintomi, diagnosi e terapie*

172. Massimiano Bucchi, *Scegliere il mondo che vogliamo. Cittadini, politica, tecnoscienza*
173. Riccardo Faini, Silvia Giannini, Daniel Gros, Fiorella Kostoris Padoa Schioppa e Giuseppe Pisauro, *I conti a rischio. La vulnerabilità della finanza pubblica italiana*
174. ITANES, *Dov'è la vittoria? Il voto del 2006 raccontato dagli italiani*
175. Franco Garelli, *L'Italia cattolica nell'epoca del pluralismo*
176. Donatella Campus, *L'antipolitica al governo. De Gaulle, Reagan, Berlusconi*
177. Walter Santagata, *La fabbrica della cultura. Ritrovare la creatività per aiutare lo sviluppo del paese*
178. Roberto Cartocci, *Mappe del tesoro. Atlante del capitale sociale in Italia*
179. David Natali, *Vincitori e perdenti. Come cambiano le pensioni in Italia e in Europa*
180. Giuliano Amato e Mauro Marè, *Il gioco delle pensioni: rien ne va plus?*
181. Enrico Menduni, *Fine delle trasmissioni. Da Pippo Baudo a YouTube*
182. Sergio Della Pergola, *Israele e Palestina: la forza dei numeri. Il conflitto mediorientale fra demografia e politica*
183. Alberto Clô, *Il rebus energetico. Tra politica, economia e ambiente*
184. Massimo Livi Bacci, *Avanti giovani, alla riscossa*
185. Marzio Barbagli, *Immigrazione e reati in Italia*
186. Francesco Strazzari, *Notte balcanica. Guerre, crimine, stati falliti alle soglie d'Europa*
187. ITANES, *Il ritorno di Berlusconi. Vincitori e vinti nelle elezioni del 2008*
188. Tommaso Padoa Schioppa, *La veduta corta. Conversazione con Beda Romano sul Grande Crollo della finanza*
189. Gianpiero Dalla Zuanna, Patrizia Farina e Salvatore Strozza, *Nuovi italiani. I giovani immigrati cambieranno il nostro paese?*
190. Ignazio Visco, *Investire in conoscenza. Per la crescita economica*
191. Ilvo Diamanti, *Mappe dell'Italia politica. Bianco, rosso, verde, azzurro... e tricolore*
192. Daniela Del Boca e Alessandro Rosina, *Famiglie sole. Sopravvivere con un welfare inefficiente*